La gouvernance de l'entreprise familiale

77 conseils pratiques
aux administrateurs, actionnaires et dirigeants

Éditions d'Organisation
Groupe Eyrolles
61, bld Saint-Germain
75240 Paris Cedex 05

www.editions-organisation.com
www.editions-eyrolles.com

Institut Français des Administrateurs
www.ifa-asso.com <http://www.ifa-asso.com>

© Groupe Eyrolles, 2007
ISBN : 978-2-212-53796-3

COLLECTION
QUESTIONS DE GOUVERNANCE

La gouvernance de l'entreprise familiale

*77 conseils pratiques
aux administrateurs, actionnaires et dirigeants*

Pascal Viénot

en collaboration avec

Christine Blondel
Thierry Colatrella
Serge Gautier
Agnès Touraine

EYROLLES

Éditions d'Organisation

IFA
Institut Français des Administrateurs

Questions de gouvernance

La collection *Questions de gouvernance* propose des ouvrages essentiels touchant aux principaux thèmes de la gouvernance. Conçue pour être accessible à un large public, elle est destinée aux administrateurs, aux actionnaires, aux dirigeants, mais aussi à tous ceux, nombreux, qu'intéressent ces sujets aujourd'hui reconnus comme majeurs dans la vie des entreprises.

Elle est le fruit de la collaboration entre Eyrolles/Editions d'organisation et l'Institut Français des Administrateurs, réseau de référence des administrateurs en France. L'IFA rassemble aussi bien des administrateurs indépendants que des administrateurs exerçant des fonctions exécutives, représentant l'Etat ou les salariés. Par son action de promotion des meilleures pratiques, l'IFA concourt à leur diffusion au sein des entreprises de toutes tailles, cotées ou non, familiales ou à actionnariat ouvert, sociétés mutualistes, coopératives ou publiques, associations ou fondations.

Questions de gouvernance donne la parole à des auteurs reconnus, choisis pour leur expertise et leur capacité à valoriser l'apport des meilleures pratiques de gouvernance.

* * *

Sommaire

V

Chapitre IV
Les 7 péchés capitaux de l'administrateur (PASCAL VIÉNOT) 47

Chapitre V
Les 7 qualités attendues des administrateurs extérieurs
dans les entreprises familiales (PASCAL VIÉNOT) 59

Chapitre VI
Les 7 règles d'or des processus de décision équitables
dans les entreprises familiales ou « Fair Process »
(CHRISTINE BLONDEL) 73

VII

VIII

Les auteurs

Christine Blondel
Directrice exécutive du Centre international Wendel pour l'entreprise familiale à l'Insead.
Consultante et administratrice d'entreprises familiales.
Polytechnique, MBA INSEAD.

Thierry Colatrella
Expert comptable et commissaire aux comptes.
Associé chez KPMG SA, spécialisé dans le domaine de la gouvernance d'entreprise. Conseil de groupes nationaux et internationaux.
Coauteur de *Pénalement responsable, le contrôle interne qui dérange*, Éditions d'Organisation, 2004.

Serge Gautier
Expert-comptable et commissaire aux comptes.
Président de la Société Continental Audit.
Animateur de séminaires de gouvernance des PME pour l'IFA.
Auteur du *Guide pratique de l'Administrateur de société*, Éditions Gualino, 2003.

Agnès Touraine
Cofondatrice et partner d'Acte III Consultants.
Précédemment consultante chez McKinsey, PDG de Liris Interactive puis de Vivendi Universal Publishing, coordonnatrice des travaux de l'IFA sur la Mixité des Conseils.
IEP Paris, MBA Columbia University New York.

Pascal Viénot
Directeur des Programmes de gouvernance, HEC Executive Education.
Administrateur indépendant et consultant auprès d'entreprises familiales. Précédemment directeur financier de sociétés cotées et directeur général d'un fonds d'investissement.
Membre des Commissions PME et Études de l'IFA.
HEC, MBA Columbia University New York.

Vous pouvez contacter les auteurs
questionsdegouvernance@ifa-asso.com

Préface

Entreprises familiales : la gouvernance est aussi votre affaire

PAR Daniel Lebègue, PRÉSIDENT DE L'IFA

Cet ouvrage consacré à l'entreprise familiale et à la gouvernance d'entreprise, conçu et réalisé par Pascal Viénot avec le concours d'éminents spécialistes de la matière, est le premier d'une collection que l'Institut Français des Administrateurs et le groupe Eyrolles-Éditions d'Organisation ont décidé de publier autour du thème de la gouvernance et de l'exercice du métier d'administrateur de société.

Cette initiative répond à une demande croissante d'information, d'apport d'expertise et d'échange de bonnes pratiques qui ne se limite plus aux acteurs – dirigeants, administrateurs, investisseurs, professionnels de l'audit, du droit et du management – des grandes sociétés cotées, mais qui émane également, et de plus en plus, du monde des PME, des entreprises publiques et mutualistes et même du secteur associatif.

C'est un signe des temps que le premier ouvrage publié dans ce cadre s'adresse à l'entreprise familiale. Pour cette dernière, la recherche d'une bonne gouvernance, c'est-à-dire de processus de direction et de contrôle de l'entreprise qui concilient au mieux, efficacité de la gestion, sécurité pour les actionnaires et pérennité de l'entreprise, est un enjeu essentiel en terme de performance économique et de préservation du patrimoine familial.

Mais il est évident que les règles et les standards applicables aux grandes sociétés cotées, ne peuvent pas et ne doivent pas être appliqués en l'état à des entreprises moyennes ou petites, dont l'actionnariat est unipersonnel ou familial.

Ces entreprises-là ont besoin de simplicité, de souplesse et surtout de pratiques de gouvernance adaptées à leur taille, à leur culture, à la structure de leur actionnariat. La gouvernance ne doit pas être pour elles un ensemble de règles obligatoires, de procédures et de sanctions, mais une boîte à outils mise à leur disposition pour améliorer la prise de décision et les relations entre actionnaires, managers et partenaires de l'entreprise.

C'est, je le crois, la vertu et la valeur ajoutée de l'ouvrage de Pascal Viénot que de proposer aux acteurs de l'entreprise familiale un guide de bonnes pratiques, mais aussi un recensement des erreurs à éviter, à charge pour eux d'en faire le meilleur usage.

Identifier les meilleures pratiques, les partager, les faire connaître aux dirigeants et aux administrateurs, contribuer ainsi à améliorer la gouvernance dans notre pays, c'est également l'objectif premier que s'assigne l'IFA, l'association professionnelle des administrateurs exerçant leur activité en France.

Chapitre I

7 comportements vertueux dans la gouvernance des entreprises familiales

PAR PASCAL VIÉNOT

Un ouvrage sur le gouvernement des entreprises n'est pas un traité de morale. Du moins pas officiellement.

C'est donc de comportements vertueux plutôt que de vertus que ce premier chapitre traitera, de comportements visant à identifier et maîtriser les risques accrus auxquels sont confrontées les entreprises familiales et patrimoniales.

Sans ignorer pour autant que les quatre vertus cardinales reconnues trouvent parfaitement leur place au sein des conseils d'administration.

- Force (détermination et clarté de la vision stratégique) ;
- Tempérance (maîtrise des enjeux et contrôle) ;
- Justice (équilibre shareholders/stakeholders) ;
- Prudence (gestion des risques).

Ne pas attendre

Toute entreprise grandit, mais peu atteignent le stade du CAC 40 ou du SBF 250. L'immense majorité des 3 millions d'entreprises recensées par l'INSEE sont familiales et de dimension modeste. La France compte

1

moins de 2000 groupes employant plus de 300 salariés[1], et guère plus de 1 000 sociétés cotées domestiques. C'est peu. Très peu.

Or c'est autour des « rares » entreprises cotées qu'ont été élaborées les recommandations (rapports Viénot, Bouton, Lasserre…) et les lois (NRE, LSF, Breton…) qui ont jeté les fondements du gouvernement d'entreprise en France.

Serait-ce à dire que ce sujet ne concerne que les grands groupes et que les entreprises patrimoniales en sont exemptées ? À l'évidence non, car la bonne gouvernance est d'abord une affaire de principes, de valeurs, avant d'être un domaine réglementaire.

Seule l'ancienneté introduit une différence entre les entreprises : elles naissent PME, deviennent familiales quand la seconde génération rejoint l'équipe dirigeante, puis patrimoniales quand leur actionnariat s'émiette au sein de la famille par l'effet des successions. Mais leurs valeurs essentielles restent inchangées.

Le XIXe siècle ignorait la gouvernance, mais les familles employaient des gouvernantes pour appendre à leurs rejetons à bien se comporter en société. La société a changé, elle est devenue anonyme. Mais les règles sont restées :

- ne pas mentir   devenu   sincérité des comptes ;
- ne pas tricher   devenu   impératif de transparence ;
- ne pas voler   devenu   respect des principes d'éthique ;
- respect d'autrui   devenu   prise en compte des stakeholders ;
- responsabilité   inchangé et aggravé !

Les préoccupations fondamentales de la gouvernance sont éternelles et universelles. Elles ne concernent pas une catégorie particulière d'entreprises. Toutes, quelles que soient leur structure et leur dimension, sont concernées par cette recherche d'équilibre et d'efficacité entre les préoccupations du management, des actionnaires, de la famille et de la société civile. C'est là le domaine de la gouvernance.

---

[1] Rapport sur la gouvernance des PME patrimoniales, commission PME de l'IFA, juin 2006.

L'important pour une entreprise familiale est donc de reconnaître qu'elle est concernée, et de se mettre en route, à son rythme, sur le chemin de la gouvernance.

Et cette mise en route doit intervenir très tôt ! Dans le cas des start-up, par exemple, les investisseurs qui soutiennent le projet souhaitent presque toujours être représentés au conseil d'administration. Mais si l'entrepreneur attend cette demande pour s'interroger sur les visages qu'il souhaiterait retrouver auprès de lui, voire pour constituer formellement son conseil, il est trop tard. Il a perdu l'initiative de sa composition.

Une fois les investisseurs présents au capital, il lui devient beaucoup plus difficile d'imposer les administrateurs de son choix pour équilibrer la présence des financiers, alors qu'il aurait pu les introduire auparavant et rendre leur éviction difficile.

Ne pas rester seul : inventer sa gouvernance

Le pire pour un entrepreneur est d'être seul, sans pairs de confiance avec lesquels partager ses interrogations, et auprès desquels demander conseil. L'idéal est certainement de disposer d'un cercle de proches, compétents, indépendants et efficaces.

Cette configuration est précisément celle qui se retrouve dans les conseils d'administration, décrits dans le rapport Bouton comme devant résulter « d'un savant dosage de compétence, d'expérience et d'indépendance au service de l'intérêt de la société et de ses actionnaires ».

Mais ce serait une erreur de faire de l'existence d'un véritable conseil une exigence absolue pour les entreprises de toutes les dimensions. Trop d'entrepreneurs ont refusé de s'engager sur le chemin de la gouvernance par crainte des lourdeurs et des coûts entraînés par la mise en place d'une solution idéale présentée comme unique. Alors que rien n'interdit dans un premier temps que ces compétences ne soient recherchées en dehors de conseils formels. Quitte à formaliser la nature de ces échanges ultérieurement.

Nombreux sont les chefs d'entreprise ayant développé une relation privilégiée avec un cercle de proches de confiance, expert-comptable, avocat, autre entrepreneur, voire actionnaire minoritaire familial, ami ou cousin.

Cette pratique n'a rien de répréhensible, et constitue une première étape satisfaisante si les interlocuteurs répondent à des critères simples de compétence, d'expérience, d'indépendance, d'absence de complaisance, s'ils mesurent l'étendue de leur responsabilité implicite, et si cette relation est structurée : quels que soient les participants, il ne doit pas s'agir de déjeuners amicaux mais de séances de travail régulières et organisées.

> Ainsi, le président d'une importante entreprise de pâtisserie industrielle a-t-il mis en place autour de lui un réseau d'advisors[2] avec lesquels il organise des consultations régulières, dans les domaines aussi diversifiés que la productivité, le droit, la finance… et la gastronomie, tous les domaines dans lesquels les membres de son conseil d'administration (intégralement constitué au sein de sa proche famille) ne pouvaient guère lui apporter.

Les lois définissent un dispositif minimum de gouvernance, correspondant à un souci de normalisation et de transparence. Mais un législateur ne pourra jamais, ni garantir la compétence des membres de la famille, ni faire accepter à cette dernière la présence d'administrateurs extérieurs souvent considérés comme des intrus.

Alors, faute de se résigner à l'inefficacité de conseils exclusivement composés au sein de la parentèle, une bonne pratique peut consister à mettre en place des structures parallèles informelles ayant la même finalité.

Le Code Buysse de corporate governance des entreprises belges non cotées[3] précise ainsi que : « en guise d'amorce d'un conseil d'administration actif, il peut être indiqué d'instituer un conseil d'avis qui fonctionne comme une caisse de résonance pour le chef d'entreprise ».

---

[2] Advisor : terme anglais signifiant conseiller, souvent employé en gouvernance pour éviter la confusion avec un membre de conseil de surveillance (conseiller), de conseil d'administration (administrateur), voire un consultant.
[3] Cf. bibliographie en fin d'ouvrage.

Un groupe de distribution spécialisée de l'est de la France a ainsi constitué, hors conseil, un comité stratégique qui réunit tous les mois autour de son président trois professionnels expérimentés issus des milieux de la stratégie, de la banque et du marketing pour réfléchir aux risques et aux enjeux du développement.

Le président teste auprès d'eux ses idées, répond à leurs interrogations – souvent plus incisives que celles d'administrateurs policés – puis prend ses décisions. Ces dernières sont ensuite présentées, expliquées et formalisées au sein d'un conseil 100 % familial qui devient ainsi un instrument de formation et de préparation de la succession.

Une autre entreprise de distribution alimentaire a conservé la forme de SARL adoptée à sa création, mais fonctionne maintenant avec un conseil de cinq gérants, dont beaucoup de structures plus importantes envieraient le professionnalisme et l'efficacité.

L'essentiel pour chaque entreprise est donc d'inventer la formule qui lui conviendra le mieux, quitte à s'éloigner des chemins battus et à réinterpréter les dispositions réglementaires. Ainsi certains fonds d'investissement, actionnaires importants par nature, font-ils le choix de ne pas détenir de mandats, d'élire des administrateurs indépendants… voire de demander à ce que leurs représentants assistent en auditeurs « libres » aux conseils. Ce qui n'est guère satisfaisant au plan des responsabilités, mais vraisemblablement plus efficace pour des structures ayant de nombreuses participations à gérer.

Organiser cette gouvernance : rédiger un règlement intérieur

Il n'est pas ici question du règlement intérieur de l'entreprise, définissant les zones non-fumeurs ou précisant les heures d'ouverture des bureaux et les conditions d'accès aux locaux. Mais du règlement intérieur du conseil.

Car, quelle que soit la forme de gouvernance retenue, conseil formel, cercle d'advisors, consultants, comité scientifique ou stratégique, ses travaux ont besoin d'être organisés pour être efficaces.

Ce règlement intérieur sera élaboré et discuté entre les acteurs du gouvernement d'entreprise, puis présenté aux actionnaires familiaux. Il pourra être approuvé formellement par eux en assemblée générale et s'imposera alors juridiquement aux associés[4], ou sera simplement enregistré, sans avoir de valeur juridique contraignante, mais avec une valeur morale forte.

Les principaux sujets abordés dans un tel règlement intérieur sont :

- l'organisation des réunions : dates de réunion, fréquence, documentation, délai de mise à disposition, compte rendu...

- le processus de prise de décision (dans le cas d'un conseil classique) : organisation des votes, délégation, pouvoirs, délibérations...

- la composition du conseil : présence d'indépendants, répartition des sièges entre branches de la famille, règles de limite d'âge, rotation ou remplacement éventuel des membres...

- l'organisation des travaux : avec ou sans comités, avec ou sans spécialisation des administrateurs sur certains types de dossiers ;

- le rappel des devoirs des membres de l'organe de gouvernance[5] : loyauté, défense de l'intérêt social, absence de conflit d'intérêt, confidentialité, indépendance, diligence, devoir d'expression...

- le choix éventuel d'un mode d'évaluation du bon fonctionnement de la gouvernance (du système... et des participants).

Enfin, l'adoption d'un règlement intérieur est souvent le seul moyen pour une entreprise familiale de recruter un directeur général salarié. Ce directeur général disposant de par la loi des pouvoirs « les plus étendus », c'est-à-dire de pouvoirs illimités, nombre d'entreprises familiales répugnent à rechercher des compétences en dehors du cercle des associés, même si les talents de ces derniers sont limités. Ils craignent avant tout les conséquences que pourraient avoir sur leur patrimoine les décisions d'un dirigeant non actionnaire.

---

[4] Les dispositions du règlement intérieur ne peuvent pas être contraires aux statuts.
[5] Cf. la charte de l'administrateur publiée par l'IFA en 2004.

Le règlement intérieur, sans réduire juridiquement les pouvoirs d'engagement du directeur général vis-à-vis des tiers, permet de fixer des limites à la délégation de pouvoir que lui consent le conseil, c'est-à-dire de définir des limites au-delà desquelles il aura à rendre compte personnellement en cas de dépassement. Ces limites porteront classiquement sur des plafonds (d'emprunt, d'investissement, de garanties…) et/ou des types d'opération (acquisitions, cessions, rapprochements, diversifications), voire d'autres recrutements clés.

Les associés auront ainsi la certitude que leur patrimoine ne pourra pas être mis à mal par les initiatives d'un dirigeant extérieur sans leur accord.

Séparer gouvernance d'entreprise et gouvernance de famille

L'apparition de la seconde génération est souvent une source de conflits. Et rares sont les entreprises patrimoniales n'en ayant pas connu lorsqu'elles atteignent la troisième. Mais au fond, rien de plus naturel : qu'y a-t-il de commun entre deux cousins de même âge ayant l'un le pouvoir, la considération, le salaire, les notes de frais, le bureau, la voiture, la secrétaire, et l'autre qui ne perçoit qu'un maigre dividende et paye l'ISF sur des titres ne constituant pas son instrument de travail.

Ce type de situation débouche inévitablement sur des orientations stratégiques divergentes : une branche de la famille visera la plus-value immédiate en privilégiant une cession industrielle, une autre aspirera à la liquidité par une cotation en Bourse, une dernière préférera le maintien de l'indépendance et le réinvestissement, en acceptant l'absence de dividende. Un groupe pharmaceutique français en a ainsi fait récemment la difficile expérience.

Or ce n'est pas au sein du conseil de l'entreprise que ce genre de débat doit être mené : quelle que soit leur origine, quelle que soit la « branche » de la famille à laquelle ils appartiennent, c'est à l'intérêt social – et non au leur – que les administrateurs doivent se référer.

C'est donc dans d'autres instances que de telles discussions doivent avoir lieu : du conseil de famille à la holding familiale les variantes abondent de ce que le Code Buysse désigne sous le nom de « Forum Familial, [fonctionnant comme une] plateforme de communication et d'information, et, le cas échéant de consultation, sur toutes les questions concernant l'entreprise ».

Mais encore faut-il avoir la volonté de progresser et de surmonter les comportements « hérités » !

Les univers respectifs des différents acteurs sont résumés dans le schéma présenté en page suivante, qui fait ressortir les décalages existants entre les thématiques et les instances juridiques :

- la gouvernance de famille, dont l'organe peut être le conseil de famille, traite de structure de patrimoine, de contrôle et de pouvoir. Elle formule des objectifs de rentabilité et arrête des plafonds de risques, qui seront repris par ses représentants au conseil d'administration ;

- le gouvernement d'entreprise traduit les attentes exprimées par la famille en terme de stratégie d'entreprise, supervise sa mise œuvre par le management, contrôle les résultats et en informe les actionnaires. Son organe est le conseil d'administration ;

- la gestion est le fait de managers concentrés sur la réalisation des objectifs fixés par le conseil.

Le conseil d'administration ainsi que le management comportant aussi bien des membres de la famille que des professionnels extérieurs, chaque acteur doit garder présent à l'esprit en permanence ce triple référentiel pour restituer toute décision dans le contexte approprié de responsabilité.

> Une entreprise cotée française, encore contrôlée par des descendants du fondateur, voit ainsi sa pérennité menacée par la difficulté des branches à arbitrer entre compétence et permanence familiale au sein de la direction générale. Et par le déplacement au niveau du conseil d'administration de débats qui devraient avoir lieu dans la holding.

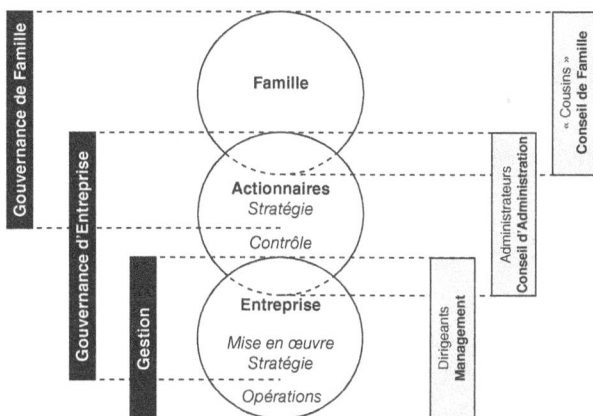

Les trois univers de la gouvernance

Pour faciliter la séparation entre gouvernance d'entreprise et gouvernance de famille, l'instrument le plus efficace est la charte de gouvernance familiale. Très répandue au sein des Family Businesses d'outre-Atlantique, mais encore peu utilisée en France, elle compte parmi les bonnes pratiques de gouvernance des entreprises patrimoniales.

Son élaboration et son amélioration continue constituent la démarche de progrès la plus efficace pour introduire des principes de bonne gouvernance au sein d'une entreprise familiale. Elle fait l'objet du chapitre II.

Ainsi le dispositif « idéal » de gouvernance des entreprises patrimoniales devrait-il comprendre les trois documents suivants pour organiser les relations entre tous les acteurs :

- une charte de gouvernance familiale, régissant les relations entre les membres de la famille et leurs pairs ainsi qu'avec l'entreprise ;
- une charte de l'administrateur énonçant les principes et règles de comportement en conseil ;
- un règlement intérieur organisant la vie sociale et encadrant les pouvoirs.

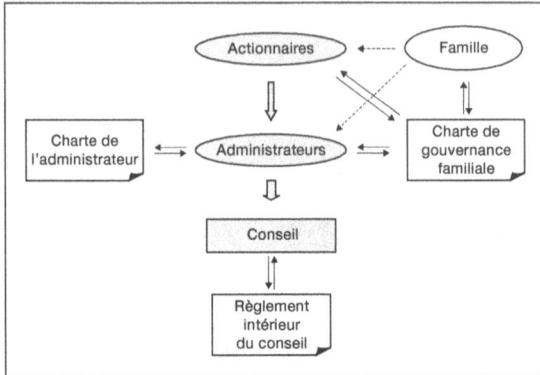

Les instruments de la gouvernance

Cette structure idéale n'est à l'évidence qu'exceptionnellement mise intégralement en place, et peu de groupes même cotés, peuvent s'en prévaloir. Mais l'important pour l'entreprise patrimoniale est de se souvenir des axes poursuivis dans chacun de ces documents pour les intégrer, d'abord à ses comportements, puis à ses règles écrites de fonctionnement.

Fédérer les actionnaires familiaux

L'exemple récent du groupe Taittinger, cédé par ses actionnaires familiaux à des investisseurs financiers rentabilisant leur placement par une revente rapide de plusieurs activités, illustre la difficulté à assurer la pérennité d'une entreprise dont le capital se disperse au fil des générations.

Sans fierté d'être actionnaire, l'*affectio societatis* s'estompe et le contrôle familial devient vulnérable. Mais combien d'entreprises ont-elles compris que cette fierté se développe et s'entretient ?

Des visites de sites aux conventions familiales, des présentations des plus belles réalisations aux conférences animées par des experts, de nombreux événements peuvent permettre aux entreprises patrimoniales d'entretenir la fidélité de leurs actionnaires et de déminer les crises par une écoute attentive : liquidité, dividende, vitesse de croissance... autant de thèmes à explorer à l'avance pour conserver la maîtrise des évolutions.

Plusieurs groupes européens comptent parmi les modèles en ce domaine, comme *Schindler* en Suisse ou *Dr Oetker* en Allemagne. En France le *groupe SEB* organise régulièrement des séminaires et des formations pour l'ensemble des membres des familles actionnaires, quel que soit leur degré de proximité avec l'entreprise.

> Un groupe industriel important a confié récemment à un consultant le soin d'identifier les attentes de la douzaine de cousins, issus de trois branches de la même famille, présents à son capital. La mission déboucha sur le constat de divergences majeures, pas tant entre les branches, qu'entre les personnes, sur plusieurs points fondamentaux, dont le niveau de participation que la famille devait conserver, sa place au sein du conseil et dans le management... et la liquidité du capital.
>
> La restitution des conclusions de l'étude ne fut pas appréciée de tous. Mais elle contraignit le groupe à engager une restructuration industrielle, managériale et patrimoniale sans laquelle sa cohésion et sa pérennité auraient été à court terme menacées.

Anticiper le futur : identifier et susciter des successeurs

Un sondage Sofres indiquait en 2003 que 57 % des dirigeants de PME envisageaient de céder leur entreprise dans les 5 à 10 ans, et que 34 % citaient comme premier frein à cette cession l'absence d'acquéreur déjà identifié. Mais qu'aurait dégagé ce sondage s'il avait été demandé dans quelles entreprises une recherche, ou une « fabrication » de successeur avait été engagée ? Car la pérennité se prépare.

L'évolution des marchés financiers depuis une décennie confirme que les familles ayant choisi de conserver leur entreprise – et donc d'organiser leur gouvernance pour durer – ont mieux valorisé leur patrimoine que celles ayant réinvesti en Bourse le produit d'une cession !

© Groupe Eyrolles

11

Et les études réalisées par plusieurs organismes[6] ont démontré que la rentabilité des sociétés familiales était durablement plus élevée que celle des autres entreprises cotées.

Pourquoi la génération suivante ne prendrait-elle pas la suite si l'envie et la fierté lui en ont été données, et si elle y a été professionnellement préparée ?

Certes rares sont les groupes ayant identifié et évalué systématiquement tous les membres des familles susceptibles, par leur âge, de jouer un rôle dans des fonctions techniques, ou au sein du management, voire dans un conseil de filiale, de société mère ou de holding.

> Mais la durée peut faire partie des valeurs fondamentales cultivées par les actionnaires. Toutes les entreprises ne deviendront pas membres du cercle fermé des Hénokiens (association regroupant les entreprises familiales bicentenaires, du nom du prophète Hénoch ayant vécu plusieurs siècles), comme le tisseur Jean Roze, l'éditeur musical Henry Lemoine, le spécialiste du recyclage Delamare ou le porcelainier Revol, mais beaucoup peuvent susciter dans leur sein des solutions de continuité.

Autres Hénokiens, François et Olivier Mellerio précisent[7] que depuis quatorze générations « leurs ancêtres se sont battus pour transmettre ce patrimoine à leurs enfants » et « qu'ils s'attachent à racheter les parts des héritiers qui souhaiteraient vendre pour éviter une dispersion porteuse de risque d'éclatement façon *Taittinger* ».

> De même Jean Burelle[8], président de *Burelle SA*, société cotée encore contrôlée par les descendants de son fondateur, et détenant la majorité de *Plastic Omnium*, déclarait-il récemment à l'auteur de ces lignes, être un « long termiste forcené » pendant un entretien au cours duquel il décrivait les pratiques de gouvernance mises en place dans son groupe comme des « facteurs de progrès »… tout en reconnaissant leur côté contraignant !

---

[6] Notamment les comparaisons effectuées en 2003 par la société de Bourse Oddo entre les performances des entreprises familiales et celles des autres entreprises du SBF 250.
[7] Cités par *Le Figaro* du 9 juin 2006.
[8] Jean Burelle représentait les entreprises familiales au sein de la commission chargée de la rédaction du rapport Viénot I en 1995. Sa famille détient 76 % de Burelle SA qui possède 52 % de Plastic Omnium.

Une fois identifiés, les successeurs potentiels doivent être préparés et formés. Il faut les aider à développer leurs compétences par un parcours professionnel d'abord externe puis interne, leur permettant d'émerger en temps utile, compétents et crédibles, comme des dirigeants et/ou administrateurs légitimes, garants de la pérennité de l'entreprise et du patrimoine de la famille.

Le droit à l'erreur est limité, d'autant que dans ce type d'entreprises « chaque génération [de dirigeant] reste vingt-cinq ans, alors qu'ailleurs la moyenne est de cinq ans[9] ».

Bongrain, Bouygues ou *Auchan* sont autant d'exemples de groupes ayant su préparer des successeurs, mais cette démarche n'est nullement réservée à des entreprises de leur dimension.

> Une grosse **PME** de surgelés française demande ainsi régulièrement à un consultant d'expliquer aux «jeunes» de la famille la marche des affaires, et surtout de les aider à réfléchir aux choix patrimoniaux et professionnels envisageables, pour qu'ils intègrent une perspective entrepreneuriale dans leur choix de vie.

A *contrario*, la seule appartenance à la lignée ne garantit pas une transition sereine.

> Les fondateurs d'*Accor* ont pu en faire l'expérience, en cherchant à imposer le neveu de l'un d'eux comme successeur, malgré l'opposition d'une partie importante des actionnaires, qui ont exigé en contrepartie de leur accord que ce dirigeant soit contrôlé par un président du conseil de surveillance indépendant.

La sagesse consiste souvent à faire d'un conseil d'administration bien composé l'arbitre des décisions de succession.

---

[9] Propos de Cédric Meeschaert, rapportés dans *Challenges*, numéro 44 du 13 juillet 2006.

Ainsi Patrick Ricard déclarait-il récemment[10] :

« Mon fils poursuit ses études… il sera sans doute un peu jeune quand je partirai. Cela me ferait grand plaisir qu'un jour un Ricard préside le groupe. Mais c'est le conseil qui décidera. *A contrario*, il ne faudrait pas que le fait de s'appeler Ricard soit un obstacle pour un candidat valable. »

Et d'ajouter : « une des clés de la réussite de Pernod Ricard, c'est d'être, entre guillemets, un groupe familial même si ma famille est loin d'avoir la majorité du capital. Je crois qu'il y a chez Pernod Ricard une vision du long terme qui prime encore et, *in fine*, cela compte énormément. »

Autre variante, permettant d'attendre que les jeunes générations aient atteint les degrés de maturité, d'expérience et de détermination nécessaires : l'alternance entre frères et cousins d'âges légèrement décalés.

Dans une entreprise leader de pyrotechnie les deux fils du fondateur se sont succédé dans le rôle de directeur général, en attendant de savoir s'il sera ou non nécessaire de faire appel à des dirigeants extérieurs à l'actionnariat pour poursuivre le développement.

Dernier cas enfin, celui du processus probatoire, qui consiste à confier progressivement des responsabilités aux jeunes prétendants à la direction de l'entreprise familiale. Mais l'exercice n'est pas sans danger : l'impétrant est bridé dans ses initiatives en se sachant observé, la collaboration de ses collègues n'est pas assurée, et certains des bons éléments peuvent être tentés de quitter l'entreprise en voyant leurs possibilités de promotion bouchées par l'arrivée d'un dauphin.

Pour éviter tout risque de favoritisme au cours du processus, certains groupes familiaux mettent en place une structure indépendante d'encadrement et d'évaluation de la performance du successeur pressenti. Ce fut le cas chez *PPR*, où les premières années de pouvoir de François-Henri Pinault furent encadrées par un « club de sages »[11] avant qu'il ne reprenne progressivement l'intégralité des responsabilités de son père François Pinault.

---

[10] Interview de Patrick Ricard par Béatrice Peyrani, publiée dans *Le Point* du 29 juin 2006.

[11] Ce « club » était constitué des associés de la SARL Pinault Trustee, elle-même associée commanditée de la société en commandite financière Pinault en 1990. Sa mission

Enfin, le recours temporaire à des professionnels extérieurs à la famille, comme administrateurs ou comme managers, est souvent la seule solution pour attendre que les successeurs potentiels identifiés aient l'âge, et l'expérience ou la volonté de prendre la fonction. Dans l'industrie automobile, *Fiat* et *PSA* en sont des exemples récents.

Envisager les risques de l'administrateur

Il ne sera ici traité que des risques de l'administrateur honnête, en excluant ceux découlant d'actes délibérés comme la complicité d'abus de bien social, de corruption, de blanchiment, ou l'approbation de comptes ne reflétant pas la situation réelle de l'entreprise.

De même ne saurait être excusée, même au sein d'une entreprise familiale, l'insuffisance des diligences : un administrateur ne doit accepter un mandat que s'il est déterminé – et capable – de le remplir avec le professionnalisme attendu de ces fonctions. D'autant qu'il peut depuis la loi NRE disposer de toutes les informations nécessaires à l'exercice de ce mandat.

Les risques les plus graves de l'administrateur honnête sont donc ceux qu'il a encourus inconsciemment.

Dans un entretien récent avec l'auteur, l'un des principaux experts[12] en risques de nature pénale affirmait : « Ce qui est le plus souvent reproché à un administrateur honnête, n'est pas ce qu'il a fait, mais ce qu'il n'a pas fait. L'omission est devenue coupable. » En précisant qu'un « administrateur pourrait être maintenant poursuivi pour prise de risque délibérée, s'il n'exerce pas les pouvoirs dont il dispose pour obtenir de l'information et contrôler la pertinence de celle qui lui est communiquée. »

---

première était d'apprécier la capacité de François-Henri Pinault à succéder à son père en cas d'indisponibilité de ce dernier. Cette structure a été abandonnée ultérieurement lors de la création d'Artémis.

[12] Anne José Fulgéras, magistrat, ancien chef de la section financière du parquet de Paris.

Or dans combien d'entreprises patrimoniales les administrateurs issus de la famille exercent-ils vraiment leur mission de contrôle ? Surtout s'il s'agit pour un jeune frère ou cousin d'interpeller le président, fils aîné de la branche aînée qui développe l'entreprise comme si elle était sienne, sans considération des risques de toutes natures que ses approximations font prendre aux membres passifs et respectueux du conseil.

Et cet expert de poursuivre que l'on « ne peut plus exclure la mise en responsabilité pénale individuelle d'administrateurs ayant avalisé des décisions stratégiques conduisant à un désastre pouvant être pénalement qualifié », par exemple une pollution ou une intoxication majeure.

L'important pour un administrateur et/ou pour ceux qui en jouent le rôle de fait, est donc d'éviter de se retrouver dans une situation de mise en cause personnelle, d'autant qu'il n'existe pas de relation directe entre le risque et le délit. Personne n'est à l'abri d'une accusation, même sans fondement, qui déclenchera un processus juridique de recherche de responsabilité éminemment néfaste pour l'image de l'entreprise, et de ses dirigeants.

> Les administrateurs aussi bien que les dirigeants de *Buffalo Grill* ont fini par être lavés de tout soupçon d'avoir écoulé de la « vache folle » dans leurs restaurants. Mais entre-temps les clients avaient déserté leurs établissements, et le cours de Bourse de la société s'était écroulé.

> Les membres du conseil étaient-ils vraiment conscients des risques propres à leur activité ? Qu'avaient-ils fait pour les identifier ? Avaient-ils bien réalisé que le risque d'image était pour eux aussi important que le risque sanitaire ? Et quels dispositifs avaient-ils mis en place pour les prévenir ?

Sans tomber dans le terrorisme juridique, il importe simplement que les administrateurs d'entreprises patrimoniales et familiales prennent la mesure des risques auxquels ils sont exposés par l'existence même de leur mandat, d'autant que l'évolution du droit tend à pénaliser un nombre croissant d'infractions (environnemental, sanitaire… au-delà du traditionnel droit social).

S'il n'est pas imaginable que toutes les entreprises disposent d'une fonction de veille et d'une cellule de gestion de crise, ces deux préoccupations doivent sous-tendre les travaux du conseil et/ou de tous les participants au processus de gouvernance, tant pour la protection de la société que celle de ses administrateurs.

Et il serait imprudent de croire qu'il suffit d'éviter la forme juridique de la société anonyme pour échapper aux sanctions. De plus en plus, c'est l'esprit des lois qui prévaut sur la loi. Ce qui est au fond normal la gouvernance étant d'abord une affaire d'éthique et de valeurs, avant d'être une affaire de réglementation.

Chapitre II

7 étapes pour mettre en place une charte de gouvernance familiale

PAR PASCAL VIÉNOT

L'objectif de l'introduction d'une charte de gouvernance dans une entreprise familiale est de définir, dans un document accepté et signé par tous les actionnaires, un ensemble de règles définissant les relations de chacun tant avec l'entreprise qu'avec ses coactionnaires, à titre personnel et patrimonial aussi bien que professionnel.

Son introduction au sein d'un groupe constitue une étape majeure dans l'organisation de sa gouvernance. Elle nécessite un minimum de consensus initial. Mais une fois lancé, le processus devient irréversible, dès que les associés comprennent le potentiel d'expression et de prise en compte de leurs attentes de toutes natures – souvent inexprimées et sources de tensions jusqu'alors – inhérent à la démarche.

Commencer par la généalogie

Dans un cas récent le président d'un groupe industriel, issu de la famille fondatrice, avait indiqué au consultant chargé de piloter le projet qu'il n'y avait que trois actionnaires significatifs à prendre en compte. Pris d'un doute, le consultant obtint des rendez-vous avec plusieurs anciens, et entreprit de dresser un arbre généalogique.

Quelle ne fut pas sa surprise de constater que la famille en était à la quatrième génération et que cette dernière comptait déjà plus de quarante membres (sans compter les conjoints et les nouveau-nés). Plus grave, près des 2/3 de ces descendants étaient encore actionnaires. Reconnus comme cousins ils étaient ignorés comme associés.

La première étape de l'introduction d'une bonne gouvernance familiale est donc le recensement de toutes les parties prenantes, ainsi que la compréhension de leur organisation.

> Dans un autre groupe, les successions avaient organisé la famille du fondateur en plusieurs branches, dont certaines étaient au fil du temps sorties du capital. Et la tradition avait été instaurée de nommer président le fils aîné du fils aîné encore actionnaire. Mais vint un temps où les rejetons des branches actionnaires manquèrent de vigueur, la sève s'étant tarie, alors que les bourgeons des branches de la famille extérieures au capital prospéraient en talent.

> Fallait-il alors continuer à exclure les éponymes les plus brillants de la gestion et de la succession à la tête du groupe en se limitant aux actionnaires *stricto sensu* ?

Le concept de « branche », souvent rencontré, ne recouvre généralement qu'une habitude de se retrouver socialement, qui disparaît rapidement dès que les intérêts patrimoniaux et/ou professionnels individuels sont effectivement abordés. Inversement, les structures mises en place (pactes, fondations, trusts, holdings…) peuvent être déterminantes par les contraintes qu'elles imposent.

Identifier les attentes des membres de la famille

Les membres de la famille une fois recensés, il faut identifier leurs attentes en veillant à les recueillir de première main. Rien de moins fiable en effet que la transmission des souhaits d'une fratrie par un frère aîné, président charismatique, ayant relégué ses puînés au rôle de supporters officiellement inconditionnels depuis des années.

Le premier inventaire des thèmes que les actionnaires souhaitent aborder se fera au moyen d'un questionnaire, élaboré après quelques entretiens de cadrage. Son envoi doit être précédé d'une campagne pédagogique sur la démarche engagée, pour inciter chacun à y participer. Des relances seront effectuées pour s'assurer d'un nombre de réponses suffisant, non dans un souci statistique, mais dans le but d'identifier tous les facteurs de tension.

Le refus d'administrer le questionnaire à certains actionnaires ou l'utilisation d'un document différent selon les branches, traduisent à ce stade un malaise important au sein de l'actionnariat, voire des tentatives de manipulation.

Ce questionnaire sera par essence imparfait et critiqué, mais quelques thèmes incontournables devront y être abordés, quelles que soient les réticences initiales rencontrées :

- le degré de connaissance de l'entreprise et d'*affectio societatis* ;
- les valeurs communes, et ce qui peut rendre fier d'être actionnaire ;
- la conception de l'entreprise familiale : détention minimum, place de la famille dans la gouvernance, rôle au sein du management...
- les besoins financiers des actionnaires, en revenu comme en capital, et leurs incidences fiscales, les préoccupations de liquidité ;
- la participation à la définition de la stratégie et au choix des risques : par quelles instances, sur quelles bases, avec quel degré de consensus ?
- les contraintes que les actionnaires sont prêts à accepter (pactes, préemptions, blocages, concerts...) et les contreparties qu'ils peuvent exiger (dividendes prioritaires, rachats d'actions, rémunérations directes, emplois...).

En pratique, la liste des points abordés peut s'étendre sur plusieurs pages et aborder des points aussi divers que l'assurance de stages d'été pour les enfants, le rôle des conjoints, les visites de sites, la prise en charge des problèmes juridiques et fiscaux des actionnaires (« family office »), l'usage de l'immobilier du groupe... parfois perçus comme aussi importants que le niveau des résultats.

Enfin, c'est à ce stade des travaux que doivent être précisés les domaines, les modalités d'intervention et les conditions de rémunération du ou des conseillers qui accompagneront et/ou relanceront le processus quand le besoin s'en fera sentir.

Concevoir la charte

L'étape suivante consiste dans l'élaboration d'une trame de charte familiale, et c'est là que résident les difficultés les plus importantes.

En effet, si les attentes des actionnaires familiaux ont été recueillies au cours de l'étape précédente, elles ne sont connues à ce stade que du pilote du projet, et sont encore confidentielles. C'est maintenant de leur inclusion dans la charte que dépendra la mise à jour d'un sujet brûlant, ou son report à des temps plus sereins. Mais c'est aussi ce qui fera de la discussion de la charte le point de départ d'un processus de gouvernance vertueux, ou la limitera à un document formel à portée limitée.

> Dans un groupe industriel contrôlé par plusieurs branches d'une même famille, le président répétait à l'envi que la solidarité familiale ne connaissait pas de limite. Pourtant, au moment de diffuser au sein de sa propre fratrie le questionnaire préparé par un consultant, il demanda à des avocats d'en élaborer une version édulcorée, refusant d'adresser à ses proches un document « ouvert » qui pourrait susciter une contestation de son exercice régalien du pouvoir.
>
> Mais rien n'y fit : les actionnaires des autres branches, sans exception, manifestèrent tous, à des degrés divers, une exigence de liquidité pour leur participation. Il devint impossible au président de continuer à occulter le sujet, qui fut l'un des points centraux de la charte de gouvernance, malgré ses tentatives pour l'étouffer.

Plusieurs « affaires » récentes (*Galeries Lafayette…*) ont ainsi illustré le danger de ne pas expliciter à temps les divergences entre actionnaires familiaux, pour leur apporter des solutions avant qu'elles ne deviennent explosives. Éluder un problème de fond après que son existence ait été révélée est rarement favorable à la pérennité de l'actionnariat, voire de l'entreprise.

Cheminer avec équité

La trame de la charte une fois arrêtée, la bonne pratique consiste à présenter aux membres de la famille l'ensemble des options ouvertes sur chacun des thèmes retenus, en explicitant leurs conséquences dans tous les domaines (opérationnel, juridique, financier, patrimonial, fiscal...), pour l'ensemble des actionnaires, et pour chacun individuellement.

Leur âge, leur éducation, leurs centres d'intérêt et leurs domaines d'expérience peuvent être les plus divers, voire parfois être très éloignés de la microéconomie. Les principaux actionnaires d'un groupe familial récemment coté sont ainsi agriculteur, peintre et rentier. Tous sont légitimes dans leur besoin de comprendre les conséquences d'options qu'ils ne sont pas toujours à même de suggérer par eux-mêmes.

Cette légitimité impose l'existence d'un processus équitable, d'un « Fair Process[1] » dans la préparation et la discussion du contenu de la charte.

Car l'équité ne s'impose pas d'elle-même, elle n'est pas forcément synonyme d'égalité, et reflète souvent des valeurs propres à l'entreprise, à la famille et aux individus qui la composent. L'équité peut consister à traiter sciemment de façon inégale des individus inégaux dans des situations inégales.

Certains peuvent trouver équitable de faire bénéficier d'un revenu un cousin handicapé, même peu actif dans l'entreprise, ou de rémunérer comme président d'honneur un aîné méritant.

D'autres trouveront normal de permettre au président de disposer de plus d'actions ou de droits de vote que ceux obtenus par héritage, pour asseoir son autorité. D'autres encore exigeront que les actions d'un dirigeant congédié lui soient automatiquement rachetées.

D'autres enfin souhaiteraient que tous les héritiers aient individuellement le même pouvoir, quels que soient leur rôle dans l'entreprise et le nombre d'actions possédées, en s'inspirant du modèle mutualiste « un homme – une voix ».

Une grande incertitude pesant donc sur ce qui sera *in fine* considéré par la famille comme équitable, il importe que le processus qui conduit à toute décision ne soit critiquable : il doit être rigoureux, neutre, équilibré, transparent... et didactique, au risque de voir ses conclusions immédiatement remises en cause.

---

[1] « Fair Process », concept développé au chapitre VI.

Et ces conditions sont rarement réunies si la démarche est pilotée par le chef de famille, le président du groupe, ou l'actionnaire le plus important.

À ce stade, l'intervention d'un tiers indépendant est indispensable. Il lui appartient de piloter les débats, de les relancer éventuellement pour que la dynamique vertueuse ne s'essouffle pas, et de codifier les conclusions dans un écrit qui devra être soumis à toutes les parties.

Ce n'est qu'une fois approuvé et, mieux, signé par tous, que ce document deviendra réellement la charte de gouvernance familiale, certaines familles allant jusqu'à prévoir un système de sanctions en cas de non-respect.

Choisir un dispositif

Le texte de la charte commence le plus souvent par la description du dispositif mis en place pour atteindre les objectifs retenus. Elle continue par une analyse fine de la mission et du mode de fonctionnement de chaque instance. Ainsi trouve-t-on généralement à côté du conseil d'administration de l'entreprise une structure au sein de laquelle les actionnaires expriment et incarnent leurs objectifs, ces deux fonctions pouvant éventuellement être dissociées.

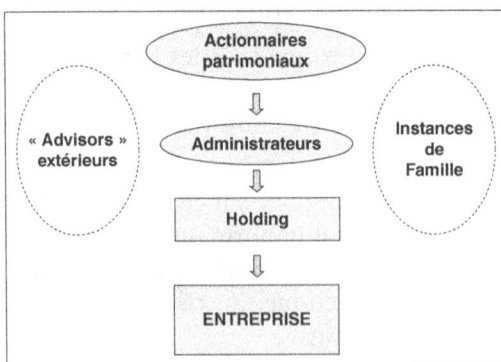

Les instances de gouvernance

Il peut s'agir d'un ou de deux niveaux de holding, d'un conseil de famille, d'un comité des anciens, d'une association d'actionnaires, ou d'une structure de consulting, seule l'imagination (et éventuellement la fiscalité) limitant la créativité.

Mais cette créativité ne doit pas pour autant dénaturer les dispositifs légaux qui ont leurs vertus et dont le détournement est contre-productif.

> Un groupe familial coté spécialisé dans les services, s'est doté d'une structure comportant directoire et conseil de surveillance. Mais ce sont les principaux actionnaires, descendants septuagénaires et octogénaires du fondateur, qui ont été nommés au directoire, dans un souci d'optimisation d'ISF. Quant au conseil de surveillance, il réunit quelques quinquagénaires de la famille collaborant à titre accessoire mais non principal à l'entreprise.

> La vocation opérationnelle du directoire est donc reniée dans les faits, le directeur général (extérieur à la famille) n'en faisant même pas partie et ne participant pas à ses – modestes – travaux.

> Quant au conseil de surveillance, non seulement l'implication de plusieurs de ses membres dans la gestion est contraire à l'esprit de la loi, mais le reporting trimestriel[2] que lui doit le directoire est vidé de tout sens.

Un autre groupe a su par contre utiliser une structure voisine pour articuler harmonieusement gouvernance d'entreprise et gouvernance familiale.

> Les membres de la famille sont regroupés dans une société holding de forme monale[3]. Ils se retrouvent deux fois par an dans un lieu symbolique (usine ou propriété de famille), assistent le matin à une présentation sur la marche des affaires, puis à une conférence sur un thème économique par un intervenant extérieur. Ils déjeunent ensemble, visitent le site, et débattent l'après-midi des projets industriels affectant la rentabilité, le financement ou les risques du groupe.

---

[2] Dans ce type de structure, le directoire est légalement tenu de présenter au conseil de surveillance un rapport trimestriel sur l'activité et la situation de la société.

[3] Forme « monale » : SA avec conseil d'administration. Forme « duale » : SA avec conseil de surveillance et directoire.

Ils choisissent enfin les représentants qu'ils éliront (ou renouvelleront) comme membres du conseil de surveillance lors de l'assemblée générale de la société industrielle, s'assurant ainsi de ce que ce conseil incarnera bien les attentes des actionnaires familiaux.

Le directoire est présidé par un membre – compétent – de la famille, assisté de trois managers extérieurs. Mais rien n'interdirait qu'il ne soit exclusivement composé de non-actionnaires, le conseil de surveillance pouvant à tout moment le révoquer.

Parallèlement, pour répondre aux préoccupations de liquidité fréquemment rencontrées, certains groupes mettent en place des « Bourses internes » permettant de faciliter la circulation des actions au sein de la famille. La famille Mulliez a ainsi organisé au sein de l'AFM[4] un processus d'évaluation et de cession de lots de titres des sociétés du groupe limité aux descendants du couple fondateur.

Mais si ces mécanismes peuvent contribuer à résoudre partiellement des problèmes de succession ou de dégagement occasionnel (mobiliser de quoi refaire une toiture ou marier une fille…), aucun n'a l'assise financière permettant de racheter tous les membres de la famille qui pourraient vouloir vendre à l'issue d'un conflit stratégique ou d'une évolution économique défavorable.

Et c'est là l'une des meilleures incitations à la mise en place d'un processus de gouvernance familial vertueux, la sanction de son défaut étant l'ouverture inéluctable à terme du capital à des « intrus ». Car courtiser les dissidents, construire une minorité dans la holding, puis faire à tous une offre de rachat que « l'on ne peut pas refuser », est devenu une tactique classique de raider patient.

Incarner la charte

La charte rédigée, reste à mettre en place le dispositif retenu, qui comprendra souvent, outre la charte proprement dite, une série de

---

[4] Association Familiale Mulliez. La famille ayant adopté le principe « tous dans tout, dans le même pourcentage et dans toutes les entreprises », les transactions portent sur des portefeuilles de titres de sociétés du groupe, et non sur des actions d'une entreprise en particulier. Source : B. Godin, *Le Secret des Mulliez*, La Borne 16, 2006.

pactes, d'engagements, d'accords de blocage ou de droits de préemption, qui ne pourront pas être mis au point sans le concours d'avocats et de fiscalistes.

Mais là n'est pas la principale difficulté. Elle réside, comme toujours, dans le choix des hommes. C'est-à-dire : à qui va-t-on demander de siéger dans ces instances ?

- certainement pas au plus ancien dans le grade le plus élevé, car c'est généralement pour sortir d'un système d'auto-apologie, ou en réaction à une performance décevante que le processus de gouvernance a été initié ;
- aux plus gros actionnaires ? Difficile de l'éviter. Mais seuls ?
- aux cousins les plus entreprenants ? Tentant. Mais comment les contrôler ?
- aux plus anciens ? Sympathique et favorable au pilotage des risques. Mais avec quelle vision du futur ?
- aux plus qualifiés professionnellement ? Logique. Mais quelle expérience privilégier ? Celle dans l'entreprise ? Celle dans le métier ? Celle dans la fonction ? Celle dans la société civile ?
- à combien ? Tous, pour sortir de la période des non-dits ? Mais comment éviter la cacophonie ? Avec les plus contributifs seulement ? Mais comment les identifier ?
- avec un seul niveau de représentativité ? Ou plusieurs selon la nature et l'ampleur des enjeux ?
- avec des professionnels extérieurs ? Souhaitable pour leur expertise. Mais comment être certain de leur capacité à s'intégrer et à s'imprégner de la culture familiale ? Et comment contrôler et limiter leur pouvoir ?

Et dans ce domaine il n'existe malheureusement aucune recette gagnante, aucune martingale n'a été – ni ne sera vraisemblablement jamais – découverte. C'est affaire de doigté, d'expérience, de sensibilité humaine autant que de talent d'entrepreneur.

Seule certitude : c'est du bon choix des hommes qui animeront les instances constituées autour d'objectifs choisis par les actionnaires familiaux et codifiés dans la charte, que dépendra le succès de l'ensemble du
projet de bonne gouvernance familiale.

Faire vivre la charte

Car *in fine* cette charte est destinée à garantir la pérennité de l'entreprise
et du patrimoine de ses actionnaires. Elle n'est pas rédigée pour l'im-
médiat, mais conçue pour traverser les générations, qui devront être
formées dans ce but.

> La famille Mulliez se préoccupe ainsi de développer l'*affectio societatis* entre
> cousins dès leur enfance, puis leur propose des stages de formation dès l'âge
> à partir duquel ils peuvent devenir actionnaires[5].

Pas question de ne se référer à la charte qu'au moment de la résolution
de crises ! C'est précisément pour les anticiper et les éviter qu'elle a
été conçue.

Elle aura sa vie propre, rythmée au minimum par des réunions d'associés en préparation des assemblées générales.

Mais les groupes qui en ont vraiment compris l'intérêt, s'y réfèrent
en continu pour développer et faire perdurer la fierté d'être actionnaire. Marie-Christine Coisne Roquette, présidente du groupe familial
Sonepar, déclarait ainsi récemment que c'était « un désir de notre part
de faire en sorte que l'entreprise soit attirante pour les membres de
la famille[6] ».

Notons enfin que la réussite du projet nécessite presque toujours le
recours à un consultant extérieur, tant pour son expérience, que pour
minimiser les frictions directes entre actionnaires et membres de la
famille.

---

[5] Selon Bertrand Gobin cité par le magazine *Challenges*, n° 44.
[6] Magazine *Challenges*, juillet 2006.

L'élaboration d'une telle charte est un acte fort, souvent révélateur de tensions rentrées depuis longtemps. Pouvoir les évacuer sur un tiers est un facteur de succès non négligeable.

Y incorporer un processus d'arbitrage est également une marque de réalisme et de prudence.

Chapitre III

7 étapes essentielles de la gestion des risques

PAR THIERRY COLATRELLA

Bien gouverner une entreprise, c'est bien la gérer. Un des éléments clés d'une bonne gestion consiste à définir une vision claire et formalisée des objectifs que l'on s'assigne. C'est dans ce contexte que la gestion des risques prend tout son sens.

En effet, gérer les risques consiste à identifier et maîtriser les événements majeurs qui peuvent compromettre les objectifs que l'on s'est fixés. Qu'il s'agisse d'objectifs stratégiques (doubler son chiffre d'affaires en 3 ans, réduire sa dépendance clientèle…) ou opérationnels (réduire le taux de déchets, améliorer le taux d'utilisation de son personnel technique…), les risques qu'il convient de gérer sont toujours liés aux objectifs de l'entreprise, ce qui présente l'avantage de pouvoir circonscrire un domaine, par essence infini, à un champ d'application certain où l'inconnu domine malgré tout !

Sous la pression des actionnaires et autres parties prenantes, les législateurs internationaux et les auteurs de code de gouvernance ont recommandé ou imposé qu'une gestion des risques soit formalisée et opérationnelle au sein des sociétés.

Certes, si en France, les sociétés faisant appel public à l'épargne ont eu à répondre à ces demandes par obligation, l'autorégulation doit l'emporter dans les PME. Comment pourrait-on autrement justifier que l'on mette en place des contrôles dans l'entreprise si aucun processus ne faisait ressortir les risques que ces contrôles sont censés couvrir ?

Faire le lien entre la stratégie de l'entreprise et les opérations

Les décisions stratégiques déterminées par le conseil d'administration ont des répercussions en « cascade » sur l'ensemble des opérations de l'entreprise et donc sur leurs responsables.

En effet, si, par exemple, le conseil décide d'accroître les parts de marché d'une gamme d'un produit A de x % à l'exportation, plusieurs départements ou services et personnes clés de l'entreprise vont être impliqués dans cette décision :

- le service « marketing » afin d'apprécier la meilleure façon de séduire les acheteurs étrangers ;
- le service « commercial » qui devra déterminer la politique de prix et les conditions de vente ;
- le service « production » qui aura à ajuster ses capacités à la hausse ;
- le service « financier » en vue notamment d'apprécier les conséquences sur le besoin en fonds de roulement, la trésorerie et les modalités de recouvrement ;
- le service « logistique » afin d'adapter les modalités de stockage et d'expédition.

Dès lors, des objectifs spécifiques doivent être assignés aux différents responsables des opérations. Les administrateurs devront avoir l'assurance que les objectifs communiqués par la direction aux services sont cohérents avec la stratégie globale et ont fait l'objet d'une analyse des risques pouvant compromettre leur réalisation.

Il apparaît donc primordial que pour toute décision stratégique, une communication avec les responsables opérationnels soit clairement établie afin qu'une réflexion d'impact soit menée dans le but d'apprécier la faisabilité de la décision sur le plan opérationnel.

> Par exemple, une société de négoce de pièces de rechange à vocation agricole avait décidé d'augmenter son chiffre d'affaires en misant sur le développement des ventes par internet. De gros investissements ont été réalisés

sans que le directeur commercial n'ait été suffisamment écouté. L'objectif n'a pas été atteint car les clients distributeurs préféraient toujours utiliser la télécopie ou la commande téléphonique pour leurs achats.

Cette erreur d'appréciation de la direction aurait pu être évitée si le conseil avait insisté pour que le directeur commercial soit consulté plus avant.

Formaliser ses risques pour mieux les gérer

La gestion des risques s'inscrit dans le cadre d'un processus structuré dont le produit le plus connu en est la cartographie.

Avant toute chose, il convient de dissocier deux grandes catégories de risques :

- les risques stratégiques qui sont ceux directement pilotés par la direction générale et le conseil d'administration ;

- les risques opérationnels qui découlent de la stratégie globale et qui se trouvent sous la responsabilité du chef d'entreprise et/ou de son état-major.

Risques stratégiques

La cartographie des risques stratégiques est généralement présentée sous forme d'un tableau où les risques sont positionnés en fonction de leur gravité (impact financier) et de leur fréquence (probabilité de survenance).

La cartographie est établie en deux temps :

- avant impact des contrôles internes, et l'on parle alors de cartographie des risques « bruts » ;

- puis après impact des contrôles internes mis en place, et l'on parlera alors de cartographie des risques « résiduels ».

Le passage des risques « bruts » aux risques « résiduels » est indiqué par une flèche allant de l'un à l'autre comme suit :

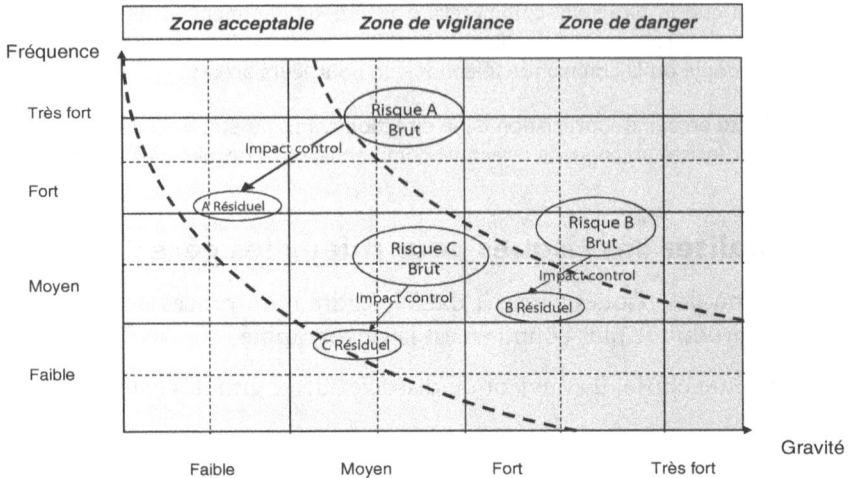

Exemple de cartographie : du risque brut au risque résiduel

Risques opérationnels

Pour des raisons pratiques de lisibilité et de facilité d'exploitation, la cartographie des risques opérationnels est généralement présentée sous forme d'un tableau en colonnes, plus détaillé que la présentation des risques stratégiques (exemple ci-dessous).

Ce tableau inclut notamment une colonne de plans d'actions, permettant de guider la personne chargée de surveiller le risque, souvent appelée « propriétaire » du risque.

La formalisation de la gestion des risques s'inscrit dans une démarche qui peut être résumée en quatre étapes principales :

- l'identification ;
- l'évaluation ;
- la phase décisionnelle ;
- le suivi et le reporting.

Risques Identifiés	Niveau de risque	Contrôles identifiés	Niveau de contrôle	Risque résiduel	Plans d'actions
Défaillance du blocage automatique des livraisons au-delà de l'encours autorisé	FORT	Revue du listing des livraisons quotidiennes	FAIBLE	FORT	Renforcer les contrôles d'accès aux applications
		Approbation des commandes par le commercial	MOYEN		Approbation du directeur commercial obligatoire si commande > x euro
Rupture des relations avec les fournisseurs pouvant être qualifiée de «brutale»	MOYEN	La société a un abonnement annuel avec un avocat	FAIBLE	MOYEN	Former les acheteurs aux risques juridiques
		Les résiliations sont signées par le Directeur Général	FAIBLE		
Taux de déchets en ligne trop important	FORT	Revue quotidienne des états de déchets par le responsable production	MOYEN	FORT	Analyser les causes en interne
					Les faire valider par un cabinet conseil

Exemple de cartographie des risques opérationnels

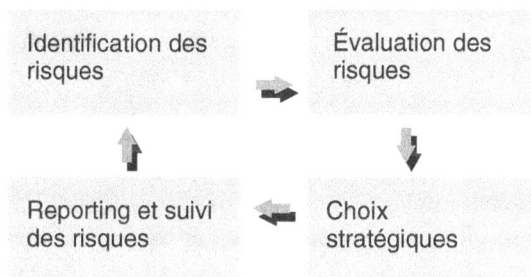

Identification des risques → Évaluation des risques

↑ ↓

Reporting et suivi des risques ← Choix stratégiques

Le processus de gestion des risques

L'identification

Il s'agit de recenser l'ensemble des événements néfastes pouvant altérer la marche de l'entreprise et/ou pouvant remettre en cause la réalisation des objectifs que cette dernière s'est assignés.

Identifier les risques ne revient pas seulement à sélectionner des événements mettant en cause les objectifs des actionnaires et/ou de la direction générale, mais également à envisager d'autres cas de figure pouvant affecter de manière significative l'entreprise.

> Par exemple, l'on constate souvent que l'analyse du « risque fournisseur » (relation entre l'entreprise et ses fournisseurs) porte sur la meilleure négociation possible des prix, l'obtention de la meilleure qualité, sur l'absence de dépendance, le respect des délais de fourniture, etc. En revanche, la « rupture brutale » qui peut donner lieu à des dommages/intérêts conséquents et à des sanctions pénales, est rarement prise en compte.

> La rupture brutale, sans préavis, fait rarement partie des objectifs envisagés par l'entreprise : la détection de ce risque nécessite des connaissances juridiques auxquelles vraisemblablement les opérationnels n'ont pas toujours accès en temps utile (avant la décision de rupture et l'assignation judiciaire qui s'ensuit).

Cet exemple démontre que l'identification des risques nécessite des compétences pluridisciplinaires, c'est-à-dire la participation de personnes ayant des expertises diverses : le but poursuivi est d'assurer un « maillage fin » permettant de recenser les principaux risques de l'entreprise.

Pour identifier efficacement les risques, il convient d'abord d'utiliser les compétences internes de l'entreprise, celles des dirigeants et des responsables opérationnels, complétées par l'expertise d'autres professionnels (juristes, financiers, coach, etc.) en vue d'établir une première base de données regroupant les risques majeurs de l'entité, lesquels sont regroupés en grands thèmes. Le COSO[1] préconise, à titre d'exemple, quatre catégories : les risques stratégiques, les risques liés aux opérations, les risques liés à la finance et ceux liés à la gestion de la compétence.

Une fois les risques identifiés, il convient de les évaluer.

---

[1] COSO : *Committee of sponsoring organization of the Treadway commission.*

L'évaluation

À partir de la sélection effectuée, des réunions, discussions, des ateliers d'évaluation des risques vont permettre d'établir une « carte d'état-major » : la cartographie des risques.

Évaluer un risque revient à : apprécier son impact financier et évaluer sa probabilité d'occurrence.

L'impact financier et la probabilité de survenance pourront être exprimés de manière qualitative (élevée, modérée ou faible) sachant que des critères quantitatifs devront être établis afin d'homogénéiser les appréciations des collaborateurs participant à l'évaluation.

La phase décisionnelle

Dès lors que la cartographie des risques est établie, l'entreprise va devoir décider de la suite à donner aux risques majeurs qui la menacent. En pratique, quatre options peuvent se présenter. Elles sont symbolisées par l'acronyme TRAP caractérisant les actions suivantes :

T : Transférer
R : Réduire
A : Accepter
P : Proscrire

- **Transférer le risque** consiste à externaliser l'activité génératrice du risque à l'extérieur de l'entreprise ;

  Par exemple, le fait d'avoir recours à l'affacturage permet de transférer le recouvrement des créances et les risques associés à l'extérieur de l'entreprise.

  L'externalisation de la logistique par une société de négoce constitue également une décision de gestion des risques.

  De même, le recours à l'assurance-crédit auprès d'une compagnie spécialisée permet de transférer le risque de défaillance financière des clients de l'entreprise.

- **Réduire les risques**: si le risque résiduel (c'est-à-dire après impact du contrôle en place) est supérieur au seuil d'acceptation fixé par le conseil, il peut être encore réduit en accroissant le niveau des contrôles;

- **Accepter le risque**: cette hypothèse est la plus simple puisque l'entreprise considère que le risque résiduel se situe dans les limites que les actionnaires sont prêts à assumer. Aucune action supplémentaire n'est à prendre dans ce cas;

- **Proscrire le risque**: dès lors que l'externalisation est impossible et qu'un accroissement du niveau de contrôle n'est pas envisageable, l'entreprise s'interroge sur l'option d'arrêt total ou partiel de l'activité concernée.

À titre illustratif, nous présentons ci-après une cartographie de risques résiduels faisant apparaître les décisions possibles du conseil pour chacun des risques identifiés (transférer, réduire, accepter).

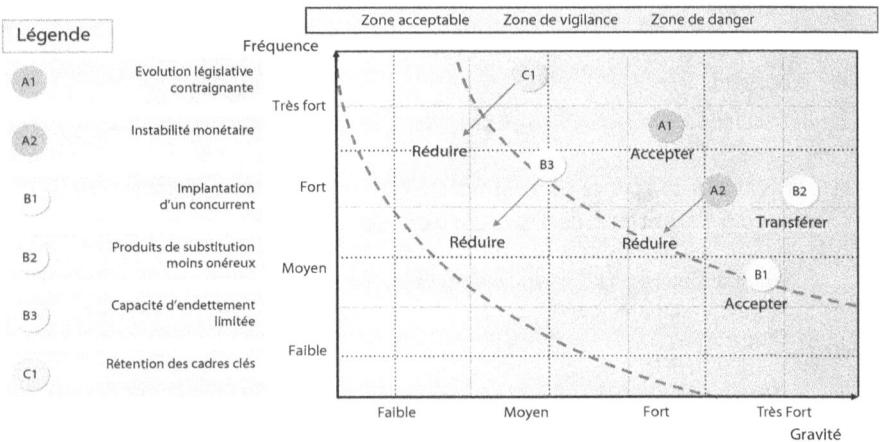

Les décisions prises

© Groupe Eyrolles

Le suivi et le reporting

Afin que la gestion des risques ne soit pas un exercice purement statique figeant une situation à un moment donné, un suivi en temps réel des risques majeurs s'impose. À cet effet, il est recommandé de nommer un (ou plusieurs) responsable(s) chargé(s) de suivre l'évolution des principaux risques. Cette tâche peut être valablement confiée à un contrôleur de gestion à défaut d'une personne occupant ce poste à temps plein.

L'utilisation de logiciels spécialisés favorise grandement la restitution cohérente et prompte des informations.

Impliquer et responsabiliser les acteurs

Gérer les risques n'est pas l'apanage du chef d'entreprise seul mais l'affaire de tous.

Les grandes structures intègrent maintenant une cellule « gestion des risques » dans chacun de leurs principaux départements, sous la coordination d'une équipe dédiée au siège central. Les avantages liés à la dissémination de cette activité dans l'entreprise familiale sont nombreux.

Tout d'abord, impliquer permet de mieux communiquer et d'échanger sur des solutions possibles. Indépendamment de la réserve naturelle qu'il doit avoir, le chef d'entreprise a tout intérêt à communiquer avec son entourage professionnel. Ses collaborateurs se sentiront valorisés et lui feront remonter davantage d'informations.

> Par exemple, c'est en dialoguant avec ses ouvriers et leur encadrement que le dirigeant d'une entreprise de menuiserie industrielle a trouvé des solutions permettant d'améliorer la productivité sans investissement supplémentaire, tout en réduisant les risques opérationnels.

Et puis, impliquer c'est aussi responsabiliser ses collaborateurs. Dès lors que des objectifs précis, atteignables et mesurables sans ambiguïté sont attribués, une responsabilisation naturelle est établie. Cette dernière peut être complétée par une délégation de pouvoir juridique.

La délégation de pouvoir a pour effet principal de transférer la responsabilité pénale du délégant aux délégataires. Il ne s'agit pas de déresponsabiliser le chef d'entreprise mais au contraire de lui permettre de mieux appliquer sa stratégie en s'appuyant sur une organisation structurée.

Ainsi, des magistrats ont jugé responsables des dirigeants n'ayant pas mis en place des systèmes de délégation qui, compte tenu de la complexité de l'entreprise, s'avéraient indispensables afin d'assurer la sécurité des salariés.

Pour qu'une délégation de pouvoir soit juridiquement valide, le délégataire doit :

- être **compétent** pour exercer son activité ;
- disposer de l'**autorité** nécessaire à sa fonction ;
- avoir les **moyens** de mener à bien sa tâche.

Il est par ailleurs souhaitable que la délégation soit formellement acceptée par le délégataire, de préférence, sous forme écrite.

La délégation de pouvoir ne se substitue pas à la gestion des risques mais contribue à la rendre plus efficace en s'appuyant sur du personnel qualifié et dédié aux problématiques qu'il a à traiter.

Intégrer le risque pour optimiser les opérations

La gestion des risques doit être présente à tous les niveaux de l'entreprise. C'est l'affaire de tous et notamment de ses responsables et administrateurs que d'avoir une assurance raisonnable que les objectifs qui ont été approuvés sont réalisables.

Ce qui conduit naturellement à la trilogie existant entre les objectifs stratégiques (ou opérationnels), les risques que ces derniers peuvent induire et les contrôles mis en place en vue de réduire les risques à un niveau acceptable.

L'essentiel est de s'assurer que le coût du ou des contrôles en place n'est ou ne sont pas supérieur(s) à celui du risque couvert.

© Groupe Eyrolles

> Dans une entreprise de vente à distance, la direction souhaitait réduire le niveau des créances douteuses et le délai moyen de règlement clients qui était supérieur aux usages de la profession. Pour ce faire, elle a recruté un contrôleur de gestion dont le rôle essentiel était de faire des relances téléphoniques.
>
> Mais compte tenu de la faible marge générée par le panier moyen, il est rapidement apparu que les efforts du contrôleur de gestion ne pouvaient pas rentabiliser son coût et qu'un moyen de contrôle efficace aurait été d'exiger le paiement intégral à la commande.

Dans les structures de taille moyenne, la tradition du contrôle est souvent orale, voire fondée sur des habitudes et coutumes. Un des moyens simples permettant de savoir si les contrôles en place sont adaptés est de procéder à un diagnostic.

Le déroulement du diagnostic peut être résumé comme suit :

- intégrer une limite de risque aux objectifs fixés aux dirigeants de l'entreprise ;
- établir une liste mettant en évidence les 15 principaux risques pouvant compromettre les objectifs précités ;
- pour chacun des risques, procéder à une évaluation de son impact financier et de sa probabilité de survenance avant impact des contrôles ;
- décrire pour chacun des risques les contrôles qui réduisent leur probabilité de survenance ou leur impact ;
- apprécier la pertinence de chacun des contrôles en mettant en relation le coût du contrôle et par rapport au risque qu'il couvre ;
- chercher une catégorie de contrôle qui pourrait éventuellement être plus efficace et efficiente.

Bien que les contrôles de détails (exemple : rapprochement commande/sortie de stock/facture) soient très efficaces, des contrôles plus globaux tels des analyses fines de la marge peuvent être tout aussi probants et moins coûteux.

Ceci mérite réflexion, notamment lorsque l'entreprise utilise des programmes de comptabilité et management permettant d'éditer des états d'anomalies sur des populations complètes.

Constituer des moyens de preuve de diligence et de bonne foi

Bien que l'erreur soit humaine, l'être humain ne doit en aucun cas faire preuve de négligence et encore moins être imprudent dans la conduite des affaires.

La formalisation des actes de la vie courante de l'entreprise est l'un des moyens permettant de se protéger contre ces travers.

L'obligation de prévenir les risques, notion déjà depuis longtemps consacrée par la jurisprudence, a fait son entrée dans le Code du travail sous l'égide de la loi du 17 janvier 2002. Aux termes de l'article L 230-2 du Code du travail « le chef d'établissement prend les mesures nécessaires pour assurer la sécurité et protéger la santé physique et morale des travailleurs... Ces mesures comprennent des actions de prévention des risques professionnels, d'information et de formation ainsi que la mise en place d'une organisation et de moyens adaptés... ».

Ce même texte dispose que le chef d'établissement « veille à l'adaptation » des mesures de prévention, afin d'améliorer sans cesse la situation en respectant les principes suivants :

- « éviter les risques ;
- évaluer les risques qui ne peuvent pas être évités ;
- combattre les risques à la source ;
- tenir compte de l'état d'évolution de la technique ;
- remplacer ce qui est dangereux par ce (...) qui est moins dangereux ;
- planifier la prévention en y intégrant un ensemble cohérent, la technique, l'organisation du travail, les conditions de travail, les relations sociales...

- donner les instructions appropriées au travailleur ;
- évaluer les risques pour la sécurité et la santé des travailleurs ;
- prendre en considération les capacités de l'intéressé à mettre en œuvre les précautions nécessaires pour la sécurité et la santé... »

À côté d'un droit du travail déjà très riche en matière d'obligations pour les entreprises, les contraintes liées aux réglementations sur l'environnement se développent rapidement. La démonstration de la diligence du chef d'entreprise en matière de prévention des risques passe par le respect de plusieurs étapes :

- établissement d'une cartographie des risques ;
- revue et son approbation par le conseil d'administration ;
- communication aux principaux responsables de l'entreprise afin d'obtenir l'assurance que les risques majeurs sont couverts par des contrôles appropriés ;
- dans l'hypothèse ou un risque majeur n'est pas couvert, expliquer « pourquoi » cette option a été retenue ;
- mise en place d'un système de délégations de pouvoir.

Cet ensemble de mesures n'exonérera peut-être pas totalement le chef d'entreprise (et les mandataires sociaux) de leur responsabilité mais atténuera les sanctions encourues comme en fait état la jurisprudence.

Servir de réflexion pour le contrôle de gestion et la mission du commissaire aux comptes

À l'instar du chef d'entreprise, le commissaire aux comptes (CAC) doit aussi être vigilant à l'encontre des risques de l'entreprise. En effet, il oriente et pilote sa mission en mettant l'accent sur les zones à risques de l'entreprise. Il apparaît donc indispensable que des échanges s'établissent, tant avec le chef d'entreprise, qu'avec son contrôleur de gestion, lequel est davantage en prise directe avec les problématiques opérationnelles.

Cette collaboration peut prendre la forme suivante:

- **Avant le démarrage des travaux du CAC**

Lors de la réunion de planification de son intervention (où sont abordés, notamment, les aspects liés au développement, aux résultats y compris les indicateurs de performance, aux événements significatifs de l'exercice tels que les procès, les restructurations...), le chef d'entreprise pourra demander au CAC d'approfondir certains aspects liés aux procédures de contrôle interne. Par exemple, la revue de la fiabilité du calcul des marges par famille de produits, l'efficacité de la séparation des tâches du processus achat, la revue des contrôles d'accès logique du système d'information.

Le CAC orientera ses travaux sur ces zones dites «à risques» et rendra compte au chef d'entreprise, et le cas échéant, au conseil d'administration.

- **Pendant les travaux**

Le CAC et ses collaborateurs, sont amenés à déceler des faiblesses ou anomalies qui doivent être immédiatement validées et communiquées à la personne habilitée.

Le CAC est «friand» des informations produites par le contrôle de gestion car cela lui apporte une mine d'informations permettant de mieux comprendre la formation des états financiers qu'il aura à certifier. Les échanges qu'il peut avoir avec le contrôle de gestion (ou le directeur financier) sont source d'une meilleure compréhension de la formation du résultat.

- **À l'issue de la mission**

Le CAC doit rendre compte de sa mission aux organes de direction, au conseil d'administration et ultimement aux actionnaires.

Les relations avec le conseil d'administration sont des moments privilégiés pour que les administrateurs puissent conforter leur opinion sur la qualité du contrôle interne de l'entreprise. Pour le CAC, avoir comme interlocuteurs des administrateurs soucieux de la qualité du contrôle interne, est un facteur de confiance.

Aider le conseil dans sa mission de contrôle

Selon l'article L 225-35 du Code de commerce : « Le conseil d'administration détermine les orientations de l'activité de la société et veille à leur mise en œuvre (...) Le conseil d'administration procède aux contrôles et vérifications qu'il juge opportun. Le président ou le directeur général de la société est tenu de communiquer à chaque administrateur tous les documents et informations nécessaires à l'accomplissement de sa mission. » Dans la structure duale à directoire et conseil de surveillance, ce dernier a une même obligation de contrôle (article L 225-68).

Les différents rapports de gouvernance qui ont été publiés en France au cours des 10 dernières années (Viénot et Bouton) confirment ce devoir de contrôle. Même si ces rapports concernent plus spécifiquement les grandes structures cotées, ils ne font que renforcer des dispositions légales applicables à toute entreprise.

Sur un plan pratique, c'est au conseil qu'il appartient de définir les limites de risques acceptables compte tenu de l'attente des actionnaires et de l'intérêt social. En revanche, le conseil n'a pas à se substituer à la direction pour mettre en place un système de gestion des risques. Toutefois, il doit s'assurer que les risques ont bien été identifiés, évalués et traités de sorte que l'entreprise ne coure pas de dangers majeurs.

Les travaux du conseil d'administration sur ces aspects doivent être documentés dans les procès-verbaux de réunion afin de pouvoir démontrer la réalité de la démarche.

À cet effet, le conseil pourra utiliser la matrice ci-après qui met en évidence une typologie de risques que l'on peut facilement relier à l'organisation de l'entreprise.

7 ÉTAPES ESSENTIELLES DE LA GESTION DES RISQUES

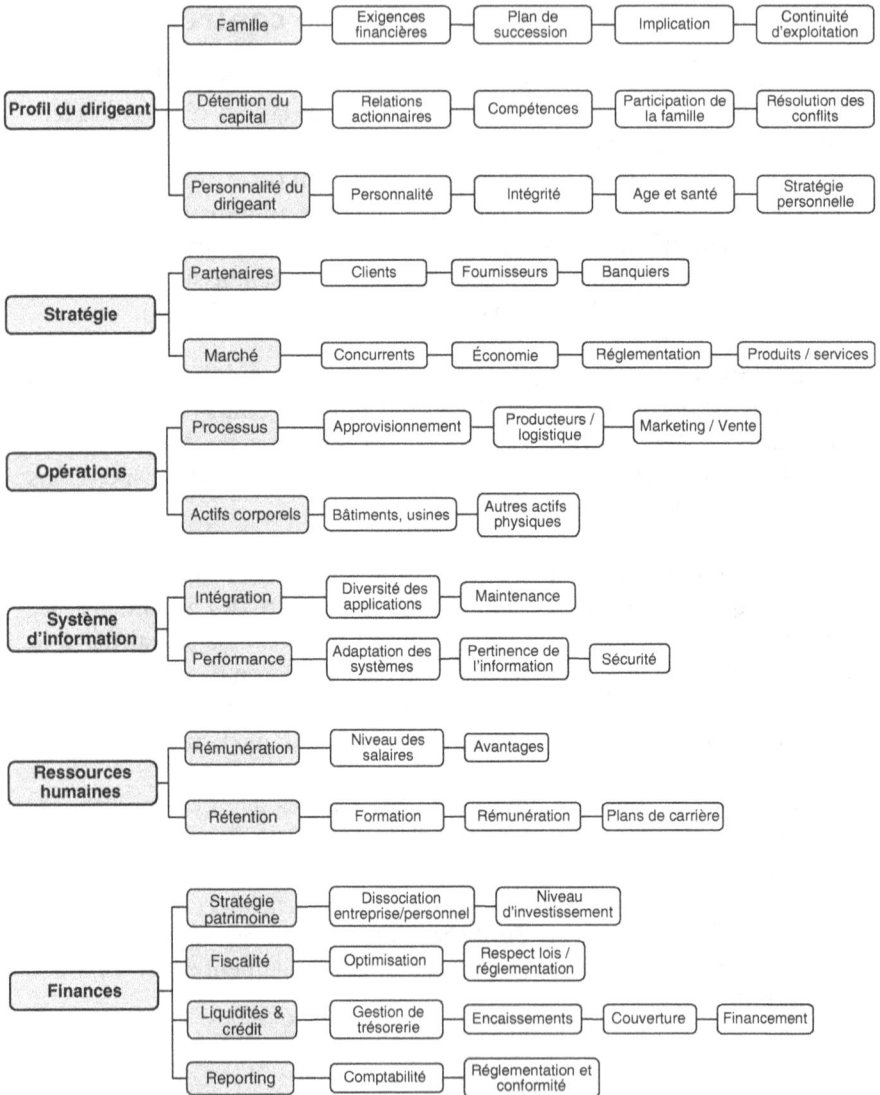

Profil du dirigeant

- **Famille** — Exigences financières — Plan de succession — Implication — Continuité d'exploitation
- **Détention du capital** — Relations actionnaires — Compétences — Participation de la famille — Résolution des conflits
- **Personnalité du dirigeant** — Personnalité — Intégrité — Age et santé — Stratégie personnelle

Stratégie

- **Partenaires** — Clients — Fournisseurs — Banquiers
- **Marché** — Concurrents — Économie — Réglementation — Produits / services

Opérations

- **Processus** — Approvisionnement — Producteurs / logistique — Marketing / Vente
- **Actifs corporels** — Bâtiments, usines — Autres actifs physiques

Système d'information

- **Intégration** — Diversité des applications — Maintenance
- **Performance** — Adaptation des systèmes — Pertinence de l'information — Sécurité

Ressources humaines

- **Rémunération** — Niveau des salaires — Avantages
- **Rétention** — Formation — Rémunération — Plans de carrière

Finances

- **Stratégie patrimoine** — Dissociation entreprise/personnel — Niveau d'investissement
- **Fiscalité** — Optimisation — Respect lois / réglementation
- **Liquidités & crédit** — Gestion de trésorerie — Encaissements — Couverture — Financement
- **Reporting** — Comptabilité — Réglementation et conformité

Typologie des risques potentiels

Chapitre IV

Les 7 péchés capitaux de l'administrateur

Quelle que soit la taille de l'entreprise, groupe coté au capital ouvert, ou société familiale.

PAR PASCAL VIÉNOT

Depuis la diffusion des rapports Viénot et Bouton, les publications sur le gouvernement d'entreprise se sont multipliées.

Mais si tous les auteurs s'accordent sur le profil et sur les qualités de l'administrateur idéal, rares sont les écrits qui évoquent les travers les plus dangereux pour des membres de conseils, ceux qui peuvent menacer la capacité à créer de la valeur, voire la pérennité des entreprises qu'ils administrent.

Aussi est-il apparu intéressant, après avoir présenté 7 comportements vertueux dans la gouvernance des entreprises familiales d'analyser en quoi consistent les péchés capitaux de l'administrateur, la principale difficulté étant d'en limiter le nombre à 7 !

Autre difficulté : celle d'illustrer ces « péchés » par des exemples précis vécus dans des entreprises patrimoniales. Non qu'elles en soient exemptes, loin de là. Mais leur discrétion les rend moins visibles.

Aussi nous limiterons-nous le plus souvent à de « grands » exemples, que chaque administrateur d'entreprise familiale pourra méditer en s'interrogeant sur d'éventuelles ressemblances avec les situations présentées.

47

L'absence

L'absence est le péché majeur. L'administrateur est l'incarnation élue des actionnaires qui lui ont confié la défense de leurs intérêts, qu'il s'agisse d'une société multinationale cotée, ou d'une entreprise familiale. Il s'est engagé moralement à les représenter, mot dont la racine même est « présence ».

L'absence d'un administrateur prive le conseil d'une opinion éclairée, et appauvrit les débats. L'absence élève le niveau de risque de l'entreprise qui n'a pas bénéficié des avis d'une personne précisément choisie pour son expérience de l'univers des affaires et/ou sa compréhension d'intérêts patrimoniaux.

Paradoxalement ensuite, l'absence n'exonère en rien l'administrateur des conséquences des décisions qui auront été prises sans lui. Le principe même de la collégialité du conseil le rend solidaire de ses collègues et, en cas de difficultés ultérieures, un juge considérera l'absence comme une faute aggravant une éventuelle responsabilité : si l'administrateur avait été présent, il aurait pu s'opposer à telle décision dont les conséquences néfastes pour l'entreprise auraient pu être évitées...

Déjà inacceptable dans un conseil, l'absence est encore moins pardonnable au sein d'un comité. Comment se satisfaire de lire dans le rapport sur le contrôle interne d'un grand groupe coté que le comité d'audit s'est réuni avec un taux de présence de 75 % ! Quatre personnes choisies par des milliers d'actionnaires pour vérifier la bonne gestion d'un patrimoine collectif de plusieurs milliards d'euros n'auraient pas considéré nécessaire, pour effectuer une mission pour laquelle ils étaient volontaires, de s'imposer de participer à quatre réunions dans l'année !

Enfin, au-delà de l'absence de l'administrateur, le pire est bien évidemment l'absence de réunion effective du conseil, voire sa tenue « dans l'encrier », comme disent si joliment les Belges. Car c'est la négation même du rôle du conseil.

Sans parler de l'accroissement de responsabilité qui en découle pour les administrateurs, pour défaut de diligence.

Le conflit d'intérêt

En pénétrant dans la salle du conseil, l'administrateur doit faire abstraction de son origine, des intérêts particuliers des actionnaires qui l'ont élu, et ne plus se prononcer qu'en fonction de l'intérêt social de l'entreprise qu'il administre.

Toute autre attitude étant susceptible de générer des conflits d'intérêt, c'est pour éviter ce risque que la présence d'administrateurs indépendants est maintenant exigée dans les sociétés cotées, et recommandée dans les autres.

L'expérience montre en effet que le risque de conflit d'intérêt n'est pas négligeable.

> Telle grande entreprise chimique n'a-t-elle pas été paralysée récemment dans son évolution par les positions défendues dans son conseil par des administrateurs représentant un grand actionnaire, au point de retarder des décisions stratégiques et d'amplifier ses difficultés financières ?

> Tel groupe énergétique n'avait-il pas dans son conseil des administrateurs représentant ses fournisseurs de canalisations de fonte et d'acier, alors que leur remplacement éventuel par des canalisations en matière plastique figurait parmi les options d'un plan d'investissements ?

Cette difficulté à être indépendant est plus grande encore dans les entreprises patrimoniales, dans lesquelles les administrateurs doivent coordonner trois dimensions, celles de l'entreprise, de l'actionnariat et de la famille, dont les critères d'optimisation peuvent légitimement différer.

Que la famille souhaite ou non conserver l'entreprise pour les prochaines générations ou la céder au plus vite pour encaisser liquidités et plus-value, les administrateurs de sociétés familiales ne sont pas dispensés de se référer à l'intérêt social : c'est la pérennité et le bien-être de la société qui doivent continuellement guider leurs décisions en conseil. Et la jurisprudence n'hésiterait pas à requalifier tout dérapage en conflit d'intérêt.

Autre exemple, à mi-chemin entre les entreprises familiales et les structures cotées, celui des fonds d'investissement. Les administrateurs qui les représentent au sein de leurs participations ne devraient être préoccupés que de la pérennité des entreprises dans lesquelles ils ont investi. Mais dans combien de cas ne les voyons-nous pas imposer des stratégies de valorisation à court terme, voire de « build up » reconfigurant l'entreprise qui a fait appel à eux, pour favoriser leur sortie ? C'est-à-dire raisonner en privilégiant la création de valeur à court terme pour l'actionnaire, à la durée, consubstantielle à l'intérêt social de l'entreprise. C'est-à-dire se trouver en plein conflit d'intérêt.

Le déni des actionnaires

Quelle que soit l'entreprise, l'administrateur ne détient sa légitimité que comme représentant des actionnaires. Ils l'élisent en assemblée pour expliciter leurs attentes, arrêter la stratégie, définir le niveau de risque leur convenant, choisir les dirigeants qui réaliseront le projet commun et les contrôler.

Et ces actionnaires acceptent de plus en plus mal d'être ignorés par ceux qu'ils ont élus, et simplement invités à donner un quitus une fois par an, que l'assemblée se tienne dans une salle de spectacle ou autour d'une table familiale.

> *Eurotunnel* nous donne un exemple public du rejet des administrateurs oublieux de leurs mandants. Nul ne doute que les actionnaires aient été initialement attirés dans le projet par des prévisions trop optimistes. Mais ensuite, quand les difficultés sont apparues, le conseil ne semble s'être intéressé qu'aux actionnaires institutionnels, en donnant aux actionnaires particuliers, de loin les plus nombreux, l'impression d'être méprisés. Et ces derniers ont fini par prendre le pouvoir après plusieurs années d'une guérilla inédite en France, et dont l'enjeu portait plus sur l'attitude du conseil que sur le fond.
>
> Dans une situation différente, *Adecco* a choisi d'ignorer un actionnaire important en ne lui proposant pas de siège au conseil. Privé de la possibilité de participer à la réflexion sur la stratégie du groupe, ce dernier n'a pas eu d'autre solution que de s'exprimer dans la presse, créant ainsi une confusion néfaste à l'image et au cours de Bourse de l'entreprise.
>
> Une situation du même type a pu être observée au moment de l'entrée du groupe *Bolloré* au capital d'*Havas* puis d'*Aegis*, des débats stratégiques qui auraient dû avoir lieu au sein du conseil se trouvant transférés dans la presse.

Mais si les dirigeants et les administrateurs disposent d'un pouvoir de temporisation, ils ne peuvent durablement s'opposer à la volonté des actionnaires exprimée en assemblée[1].

Plus récemment, le conseil d'administration d'*Arcelor* a tenté d'imposer une fusion avec *Severstal* pour contrer l'OPA lancée par *Mittal Steel*. L'avantage de cette solution – aux yeux des anciens administrateurs soucieux de leur indépendance – était de pouvoir être mise en œuvre sans consultation des actionnaires, par utilisation d'une ancienne résolution, votée auparavant dans des circonstances différentes.

Pressentant néanmoins un risque de révolte s'il court-circuitait complètement les actionnaires, le conseil tenta de limiter leur consultation à la tenue d'une assemblée générale au cours de laquelle il aurait fallu un vote négatif de 50 % du capital pour s'opposer à la fusion, alors que la simple participation physique aux assemblées n'avait jamais atteint ce niveau !

Le procédé était légal, mais était-il conforme aux bonnes pratiques de gouvernance ? L'OPA offrait à l'actionnaire un choix. La tactique de défense retenue lui retirait. À qui appartient le capital : aux actionnaires ou aux administrateurs ?

Certes avec plus de 150 000 employés *Arcelor* n'est pas une entreprise familiale, même si elle résulte d'une série de rapprochements entre les dynasties sidérurgiques européennes, et si de nombreux dirigeants sont encore issus de ces familles.

Mais l'attitude du conseil d'*Arcelor* est-elle si éloignée de celle rencontrée dans les sociétés patrimoniales où un conseil, voire un président, décide sans consulter ses actionnaires, ne les informant qu'à l'occasion d'une assemblée générale, plus conviviale que technique des développements les plus critiques ?

Les assemblées, qu'elles réunissent des membres de la famille ou des investisseurs institutionnels, doivent retrouver leur rôle de forums d'informations et de discussions. Ce sont des moments d'échange privilégiés, qui doivent être relayés en cours d'exercice, même et surtout dans les entreprises familiales pour maintenir l'*affectio societatis*.

---

[1] Rappel : l'assemblée générale élit les administrateurs et décide du renouvellement éventuel de leur mandat. Mais la seule résolution pouvant être rajoutée à tout moment en cours d'assemblée est celle portant sur la révocation d'un membre du conseil !

La passivité

Rejoindre un conseil n'est pas un acte neutre. C'est une décision majeure, en terme de responsabilité, tant vis-à-vis de l'entreprise que de la famille actionnaire et de ses propres intérêts personnels. Le conseil n'est pas le fan-club du président et/ou du chef de famille.

L'amateurisme ne devrait pas exister dans le monde des conseils. Et la naïveté moins encore, *a fortiori* dans l'univers des sociétés cotées.

> Que faut-il penser des quelques administrateurs extérieurs à la famille Tanzi chez *Parmalat*, qui n'avaient pas réagi devant un organigramme comportant 3 sociétés aux Pays-Bas, 2 à Malte, 1 en Autriche, 1 à l'île de Man, 1 aux îles Caïmans, et 1 au Luxembourg... pour une activité laitière essentiellement réalisée en Italie du Nord !

Que dire aussi de ces hommes politiques célèbres, américains, britanniques et français, séduits par le charisme de Lord Conrad Black, qui ont siégé pendant des années au conseil du groupe de presse canadien *Hollinger*, et n'ont pas compris d'être mis en cause dans sa déconfiture. Profiter du rayonnement des media du groupe pour faire progresser leur carrière, et bénéficier de jetons de présence très substantiels, leur convenait davantage que s'interroger sur les moyens de parer à la dégradation des revenus publicitaires de la presse.

Et que faire – si ce n'est les plaindre et les inviter à démissionner – pour les administrateurs d'entreprises familiales qui ne doivent leur siège qu'à une relation privilégiée avec l'actionnaire majoritaire. Ni le statut d'épouse, ni celui d'ascendant ou de descendant, ne prédestine à exercer avec la vigilance nécessaire un mandat devenu technique, dans un environnement économique et juridique de moins en moins indulgent.

La loi NRE qui s'applique à toutes les sociétés anonymes, et pas seulement aux entreprises cotées, précise que le président ou le directeur général doit communiquer à chaque administrateur toutes les informations nécessaires à l'accomplissement de sa mission.

Ni l'ignorance ni la passivité ni le retrait derrière un manque de communication d'informations par le management ne sont donc plus permis. Bien au contraire, l'absence de curiosité est devenue une faute aux yeux des tribunaux.

> Fort heureusement, rares sont les cas où les administrateurs acceptent sans protester, comme ce fut le cas chez *France Télécom* d'être mis devant le fait accompli de décisions prises hors conseil[2] ou d'être délibérément privés d'informations, comme à *EDF* où « le comité d'audit n'a pas eu communication depuis le début de ses travaux d'une comptabilité analytique, *a fortiori* le conseil d'administration non plus[3] ».

> Mais sans atteindre ce stade, que penser des administrateurs d'*Ahold*, géant de la distribution basé aux Pays-Bas, ce pays cité par *Newsweek* pour l'usage prévalant entre administrateurs des grands groupes de «tamponner mutuellement leurs chiffres[4]». Leur absence de curiosité et leur indulgence coupable permirent au management d'instaurer des pratiques comptables améliorant artificiellement les résultats, par l'enregistrement anticipé de centaines de millions d'euros de remises, pour couvrir des diversifications géographiques hasardeuses, destructives de valeur pour les actionnaires. Pratiques que la discussion en conseil de quelques ratios de marge aurait permis de détecter.

Enfin dans combien d'entreprises familiales les administrateurs n'ont-ils pas été choisis précisément pour leur discrétion, leur compréhension amicale, bref... pour faire de la figuration, et surtout pas pour poser des questions !

---

[2] « Je pense qu'il est erroné de voir en un conseil d'administration une sorte de mini-parlement où l'on voterait à tout propos, pour établir des positions par rapport à une majorité ou à une opposition ». Propos de Michel Bon, président de France Télécom, cité dans la *Lettre de Richelieu Finance*, avril 2003.

[3] Source : rapport 2003 de la commission de contrôle parlementaire sur la gestion des entreprises publiques.

[4] « Tough questions are rarely asked in the Netherlands, because a small group of business leaders sits on one another's board and rubber-stamp each other's numbers », *Newsweek*, mars 2003.

Chez *Vinci* enfin, qui n'est pas une entreprise patrimoniale, mais dont la crise fut exemplaire, ce n'est qu'après que les tensions internes aient transpiré sur la place publique, et que la presse s'en soit emparée, que les administrateurs sont revenus sur les bonus et primes de départ qu'ils avaient accepté de verser en comité des rémunérations à un président aux prétentions exorbitantes.

La situation fut assainie, mais c'est en amont et dans la discrétion qu'il eût été souhaitable que les administrateurs sortent de leur passivité.

L'incompétence

Choisis pour incarner les intérêts des actionnaires, les administrateurs ne sont pas tous des experts. Mais ce sont des hommes et des femmes d'intelligence et d'expérience qui, s'ils ne sont pas issus de l'univers des entreprises, doivent disposer de ce bon sens qui vaut le plus souvent les analyses les plus sophistiquées.

Certes la loi Sarbanes-Oxley a-t-elle imposé la présence d'un « financial expert » au sein des comités d'audit de sociétés cotées, en recommandant que tous leurs membres soient « financialy litterate », et plusieurs grands groupes français ont-ils suivi ces consignes.

Mais fallait-il être un financier très sophistiqué pour détecter l'immobilisation de milliards de dollars de charges chez *MCI* : une analyse rapide des comptes et le suivi de quelques ratios suffisaient !

Ou pour interroger le management sur la comptabilisation des engagements hors bilan chez *Enron*, après que les auditeurs en aient révélé l'existence au conseil ?

Ou pour s'interroger sur la réalisation en trois ans de plus de 100 acquisitions essentiellement financées par dette par *Tyco*, débouchant sur une perte de 9 milliards de dollars ?

Ou pour questionner la stratégie de *Vodaphone* débouchant en 2005 sur une perte de 17 milliards de livres pour 29 milliards de chiffre d'affaires, après une série d'acquisitions coûteuses, financées par endettement... et revendues à perte ?

Rarissimes sont les cas où une entreprise a été mise en difficulté par l'incompétence technique des membres de son conseil. Et celles qui en ont besoin savent s'ouvrir à des spécialistes d'un marché (Asie, Chine…) ou d'une science (biologie, électronique…) pour disposer en interne des savoirs nécessaires.

C'est de bon sens, d'esprit critique, voire simplement d'implication et non d'expertise, que les administrateurs des sociétés données en contre-exemples manquaient. Ce sont là précisément les qualités attendues des administrateurs d'entreprises familiales.

Plus proches de nous sont ces administrateurs qui oublient que leur mission repose sur une analyse des risques de l'entreprise, et qui sous-estiment les conséquences des engagements financiers pris par le management sans les consulter, voire même les informer. Combien de conseils n'ont-ils pas perdu soudainement le pouvoir pour avoir ignoré les « covenants » acceptés par des dirigeants en contrepartie de réduction de coûts de financement ?

> D'*Aholdia* à *Marionnaud* les cas récents d'accélération de remboursement abondent, dans des grands groupes comme dans des entreprises familiales, sous les yeux d'administrateurs désolés mais devenus soudainement impuissants.

Enfin, cette incompétence est encore plus inacceptable de la part de ceux qui se proposent pour servir au sein d'un comité spécialisé, et sur qui reposera la confiance de leurs pairs et de leurs mandants.

Le laxisme éthique

Il est impossible d'évoquer les péchés capitaux de l'administrateur sans évoquer brièvement le manque d'éthique qui peut prendre les formes les plus diverses :

- recours à l'espionnage et recrutement d'une acheteuse du Pentagone par *Boeing* pour obtenir le marché des avions ravitailleurs de l'US Air Force ;

- complicité dans la fraude des administrateurs de *Parmalat* ;
- malversations des dirigeants et administrateurs d'*Enron* ou de *MCI* ;
- indélicatesses des dirigeants et silence des administrateurs pour obtenir des marchés publics de BTP en France ;
- utilisation d'information privilégiée pour réaliser des profits personnels, comme l'intention en a été prêtée à certains dirigeants d'*EADS*[5] ;
- corruption des acheteurs de constructeurs automobiles allemands par *Faurecia*, connue du directeur général[6]…

Sans compter, beaucoup plus nombreux mais moins visibles, les abus de biens sociaux commis par des administrateurs d'entreprises non cotées, qui ne sortent que rarement de l'enceinte des tribunaux de commerce !

Leur fréquence, et leur diversité ne les rendent pas excusables.

L'erreur stratégique

Difficile enfin de savoir s'il faut ranger l'erreur stratégique parmi les péchés capitaux des administrateurs, car la prise de risque est l'essence même de l'entreprise. Sans risque, pas d'opportunité de développement ni de profit. Avec risque, pas de certitude de succès ni de profit.

La question n'est pas de savoir si le conseil de *Vivendi* a eu raison d'arbitrer la maîtrise de l'eau, ressource essentielle à l'humanité, contre un développement dans les media. Elle est de savoir si les administrateurs ont débattu de façon approfondie, informée, indépendante et objective avant de retenir cette option.

C'est à eux qu'il appartient de veiller à ce que le plus grand professionnalisme préside aux prises de décisions du conseil.

Le péché n'est pas de prendre un risque, mais de le prendre sans avoir effectué toutes des diligences nécessaires.

---

[5] Cf. *Les Échos* des 16 et 19 juin 2006 et *Le Monde* du 17 juin 2006.
[6] Cf. *Le Monde* des 25 et 27 juillet 2006.

Aujourd'hui, les points communs des péchés des administrateurs sont le manque de courage et l'absence de professionnalisme.

Sans aller jusqu'à prétendre qu'être administrateur est devenu un métier, l'exercice de cette fonction nécessite un degré d'implication, et une étendue de diligences souvent sous-estimés.

Que ce soit dans les plus grands groupes, où la fonction est encore souvent perçue comme une distinction, ou dans les entreprises familiales où elle relève trop fréquemment de relations plus amicales que professionnelles, ce n'est plus une activité d'amateur, sauf à risquer de retomber dans les travers décrits dans ces lignes, sans espoir d'absolution.

Errare humanum est, perseverare diabolicum[7].

---

[7]Il est dans la nature de l'homme de se tromper, mais persévérer est diabolique.

Chapitre V

Les 7 qualités attendues des administrateurs extérieurs dans les entreprises familiales

PAR PASCAL VIÉNOT

L'administrateur « extérieur » n'appartient ni à la famille dirigeante, dans le cas des entreprises familiales, ni au cercle des actionnaires familiaux, dans le cas des entreprises patrimoniales.

Il peut être « indépendant », bien qu'il ne le soit pas toujours, mais n'entretient aucun lien privilégié – ni de sang ni d'argent – avec l'entreprise. Il ne devrait donc être choisi que pour la contribution que sa présence apporte à la réussite de l'entreprise et pour ses qualités personnelles.

Après un chapitre traitant de comportements vertueux et un autre de péchés capitaux, examinons donc les qualités attendues de cet homme « exceptionnel » que doit être l'administrateur extérieur.

Le discernement

Il n'existe pas d'entreprise familiale type, et toutes sont loin de se ressembler. Elles occupent rarement la première page des journaux économiques, mais constituent la trame des économies européenne et américaine, avec 70 à 80 % du nombre des entreprises[1] selon les pays.

---

[1] Source : Institut d'informatique et d'organisation, HEC Lausanne.

Et cette dénomination d'entreprise familiale recouvre aussi bien des entreprises majeures cotées (*PSA, Michelin, Carrefour, SEB, Plastic Omnium...*), ou à capital fermé (*Auchan, Roquette, Roullier, Soufflet, Thiriet...*) que des entreprises moyennes, voire un grand nombre des 50 000 sociétés employant de 50 à 250 personnes recensées par l'INSEE.

La première qualité de l'administrateur d'une entreprise familiale sera donc le discernement, la capacité à identifier le type de gouvernance adapté à l'entreprise dans laquelle s'exerce son mandat.

Rien ne serait en effet plus contre-productif que d'essayer de plaquer sur une entreprise de dimensions modestes l'ensemble des règles – et carcans – conçus pour les plus grandes sociétés cotées, au capital largement ouvert, opérant sur les marchés internationaux et se finançant dans un contexte Sarbanes-Oxley[2] !

Une partie des informations nécessaires à sa réflexion pourra être obtenue auprès du président et des autres membres du conseil, mais l'administrateur pourra également se référer au « Modèle des quatre quadrants[3] » pour qualifier la configuration de l'entreprise.

Ce modèle est fondé sur l'analyse du nombre et du degré d'implication des actionnaires.

- **Dans le quadrant Q1**, l'entreprise n'a qu'un nombre limité d'actionnaires très proches de la société, faisant souvent partie de son équipe dirigeante.

  Le capital est concentré en nombre limité de mains, et le poids des minoritaires, que l'entreprise soit cotée ou non, est marginal.

---

[2] Loi américaine de 2002, applicable aux sociétés cotées américaines ainsi qu'aux sociétés étrangères faisant appel public à l'épargne aux USA. Elle accroît la responsabilité des dirigeants et des administrateurs, en leur imposant des critères de gouvernance très stricts, notamment dans le domaine du contrôle interne. Cette loi a fortement inspiré les rédacteurs de la loi LSF de 2003 en France.

[3] Ce modèle a été développé par le Family business center de la Loyola university à Chicago, cf. bibliographie en fin d'ouvrage.

Modèle à quatre quadrants

IPSEN est ainsi un groupe pharmaceutique familial coté, dans lequel un petit nombre de descendants des fondateurs contrôle le capital, siège au conseil, et dont certains ont participé à la gestion de l'entreprise jusqu'au recrutement d'un dirigeant extérieur.

C'est le « control model », très répandu dans les entreprises moyennes, où la liquidité du capital est souvent inexistante, où les actionnaires se comportent davantage en propriétaires qu'en investisseurs, où les voix comptent autant (voire plus) que les actions : à chacune des actions B détenues par la famille Mittal étaient attachées 20 voix dans les assemblées de *Mittal Steel*... avant qu'elle n'y renonce pour assurer le succès de son OPA sur *Arcelor*.

Dans ce contexte, l'administrateur extérieur rencontrera souvent les actionnaires les plus importants ainsi que des dirigeants au sein du conseil. Il aura la possibilité de raisonner à plus long terme, mais devra veiller à séparer les préoccupations de gouvernance de famille de celles de gouvernance d'entreprise. Il aura un rôle pédagogique et méthodologique et fera progresser l'esprit de gouvernance... sans imposer immédiatement la mise en place de tous les comités !

- Le **quadrant Q2** correspond à la configuration la plus instable, malheureusement fréquemment rencontrée, qu'il serait inélégant d'illustrer par des exemples précis contemporains.

La multiplication des membres de la famille au sein de l'équipe dirigeante et du conseil, voire la représentation systématique de toutes les branches sans analyse de la capacité contributive réelle des personnes, débouche souvent sur des conflits.

C'est le « dynastic model ». Mais rares sont les dynasties qui durent… Et courageux sont les administrateurs extérieurs qui rejoignent leur conseil.

C'est d'abord de diplomatie qu'il leur faudra user pour faire converger les attentes diffuses des actionnaires pro-actifs vers un projet qui devienne celui de l'entreprise, et non celui d'une branche ou d'un dirigeant.

- **Dans le quadrant Q3**, l'entreprise n'a que peu d'actionnaires, mais ceux-ci ne s'intéressent que modérément ou sélectivement aux affaires.

Ils considèrent les actions qu'ils détiennent comme un actif, au même titre que d'autres placements.

C'est le « portfolio model », souvent rencontré quand un patrimoine a été éclaté lors d'une succession, et que chacun des héritiers a reçu un portefeuille d'actifs : actions de l'entreprise familiale, immobilier d'entreprise, immobilier résidentiel, terrains, tableaux, titres, valeurs mobilières, liquidités…

La faiblesse de cette configuration réside dans le risque de désintérêt progressif des actionnaires, qui augmente fortement la probabilité de cession.

L'éclatement en cours de l'« empire industriel » constitué par la famille Quandt en Allemagne[4] en donne un triste exemple, aucune des activités directement reprises par une branche de la famille n'ayant connu un succès équivalent à celui rencontré dans l'automobile avec BMW… et un management professionnel[5].

---

[4] Automobiles BMW, piles et batteries Varta, Pharmacie Altana, cartes à puce, chimie…
[5] Source : *Les Échos*, 22 septembre 2006.

L'administrateur extérieur lucide gardera donc l'éventualité de cession ou de scission présente à l'esprit, confrontera éventuellement les associés avec leurs responsabilités, et veillera à ce que toutes les décisions soient à la fois créatrices de valeur pour les actionnaires et non critiquables – dans le fond comme dans la forme – aux yeux d'acquéreurs ou d'auditeurs éventuels futurs.

- **Dans le quadrant Q4**, l'entreprise a de nombreux actionnaires peu impliqués.

C'est le cas le plus fréquent dans les grands groupes cotés, mais la même situation peut se rencontrer à partir de la 3e ou 4e génération dans un groupe au capital fermé : une enquête du magazine *Challenges*[6] évaluait à 1 000 le nombre des descendants de la famille Michelin détenant ensemble 12 % du capital de la manufacture de pneumatiques, à 520 ceux de la famille Mulliez contrôlant 100 % du capital d'*Auchan*, à 228 les membres de la famille Lescure détenant 43 % du capital de *SEB*...

C'est le « market model », dans cette configuration, les relations entre l'entreprise et ses actionnaires sont principalement de nature financière, les relations directes entre actionnaires et administrateurs étant limitées, voire inexistantes, même au sein des entreprises familiales. Les priorités pour le conseil sont alors la transparence, la rentabilité à court terme et la liquidité. Quant à l'administrateur extérieur il se doit d'avoir un comportement indépendant, exclusivement préoccupé de l'intérêt social.

Le courage

Rien n'est plus facile pour un administrateur que de suivre sans les discuter les propositions du directeur général, *a fortiori* si ce dernier est un actionnaire de l'entreprise ou un salarié motivé par des stock-options.

Ce soutien inconditionnel et irréfléchi touche parfois à la naïveté ! Que faut-il penser des administrateurs de *MCI* (ex-*WorldCom*), qui comparaient très

---

[6] Numéro 44 du 13 juillet 2006.

officiellement dans les comptes rendus du conseil leur président Bernard Ebbers à « Dieu, Jésus-Christ ou Superman »... avant la plus grosse faillite de l'histoire des USA. Quelle objectivité attendre d'eux ?

Certes avec 40 milliards de chiffre d'affaires *MCI* n'était pas une entreprise patrimoniale, mais dans combien de cas voit-on la famille respecter l'ancêtre fondateur au point de ne pas oser le contredire, alors que la concurrence, les technologies et le marché n'ont plus rien à voir avec l'environnement dans lequel il a su créer et faire initialement prospérer l'entreprise.

Contrairement à une idée répandue, le rôle du conseil, n'est pas d'approuver la stratégie proposée par son président ou par le directeur général. C'est au conseil, à chaque administrateur individuellement, et tout particulièrement aux administrateurs extérieurs, qu'il convient de s'interroger sur ce qui est bon pour l'entreprise, et sur ce qu'attentent les actionnaires qui ont investi dans son capital et l'ont élu pour veiller à la réalisation de leurs attentes.

Et ces objectifs dépassent souvent le seul cadre financier dans le cas des entreprises familiales et patrimoniales : pérennité, pouvoir, image...

Il appartient aux administrateurs extérieurs d'avoir le courage de refuser les propositions du management, voire celle du chef de famille.

Le recours à un vote de défiance en conseil est parfois l'arme suprême. Même s'il faut du courage pour l'exiger, et pour s'opposer à un président charismatique ayant rendu – en son temps – de grands services à l'entreprise.

Ce qui est pourtant une configuration classique en entreprise familiale, où la bonne gestion des successions fait partie des tâches les plus délicates du conseil.

Dans une société industrielle cotée française, deux branches cadettes d'une même famille ont mis plusieurs années avant d'avoir le courage de s'opposer à la nomination systématique du fils aîné de la branche aînée à la présidence, quelles que soient ses compétences. Elles s'en félicitent maintenant.

Dans un autre cas, la contribution dont l'administrateur extérieur d'une importante entreprise familiale était le plus fier, fut d'avoir convaincu le président et actionnaire principal de déposer le bilan, plutôt que de continuer à la soutenir artificiellement, en réinvestissant le patrimoine hérité des générations antérieures... pour ne pas déchoir vis-à-vis de ses proches, de ses pairs et de la bonne société locale.

Il fallut du temps, de la conviction, de la détermination, pour faire entendre une voix minoritaire. Mais sa famille – et particulièrement la génération suivante – lui en est maintenant reconnaissante.

L'autonomie

La présence d'administrateurs « indépendants » est devenue la norme dans les conseils de tous les groupes cotés au capital ouvert. Une enquête récente[7] en confirmait la présence dans les conseils de toutes les sociétés du CAC 40, et soulignait que dans plus de la moitié de ces entreprises les indépendants occupaient déjà 50 % des sièges dans les conseils.

Mais le besoin de bénéficier de l'expérience, de l'énergie, des avis et aussi des critiques d'administrateurs extérieurs à la gestion quotidienne, est encore plus important dans les entreprises familiales, dont les dirigeants et les actionnaires manquent souvent du recul nécessaire à identifier, structurer et défendre au mieux leurs propres intérêts.

Récemment encore, la famille Campbell, actionnaire majoritaire du groupe éponyme, avait précisé dans le cahier des charges élaboré pour le recrutement d'un administrateur par un cabinet de chasseurs de têtes, qu'elle recherchait des candidats capables de :
• critiquer les plans stratégiques ;
• choisir, motiver et évaluer le directeur général ;
• agir dans l'intérêt de tous les actionnaires, et pas seulement de la famille.

C'est-à-dire des administrateurs déterminés, capables d'incarner les attentes des actionnaires sans privilégier les intérêts de la famille, de contester les propositions du management, bref des administrateurs courageux et non des administrateurs passifs.

---

[7] Édition 2006 de l'enquête annuelle de corporate governance réalisée par le cabinet de recrutement Korn Ferry.

Toutes les entreprises familiales n'ayant pas le souhait – ou la possibilité – de recourir à un consultant pour recruter leurs administrateurs, c'est souvent par cooptation que les recrutements s'effectuent – ce qui n'est d'ailleurs pas foncièrement différent de ce qui se passe au sein de nombreux comités de nomination d'entreprises plus importantes.

Mais alors peut-on vraiment parler d'indépendance, quand l'administrateur a été coopté, c'est-à-dire choisi sur recommandation de quelqu'un d'apprécié, et que sa candidature a été évaluée pour son expérience et pour ses qualités personnelles… au premier rang desquelles sa compatibilité avec les valeurs et la culture de l'entreprise qui se propose de l'accueillir.

Ne vaut-il pas mieux parler « d'autonomie » et de compétence plutôt que d'indépendance ?

Le Code Buysse[8] stipule ainsi : « surtout dans les petites et moyennes entreprises, la compétence [des administrateurs] est plus importante que leur indépendance au sens strict. L'autorité dont ils pourront faire preuve sur la base de leur compétence et de leur proximité avec la direction de l'entreprise est cruciale pour l'intérêt de l'entreprise ».

Ce qui importe, c'est qu'à l'issue de ce processus de cooptation le nouvel administrateur n'ait pas perdu sa liberté d'analyse, de pensée, et d'expression, qu'il soit toujours capable de cette « impertinence courtoise[9] » érigée récemment au premier rang des qualités attendues d'un administrateur.

La disponibilité

Les conseils d'administration des grands groupes cotés sont planifiés à l'avance, et leurs dates de réunion ainsi que celles des comités, sont inscrites dans les agendas avec plusieurs mois de préavis. Seule

---

[8] Code Buysse de corporate governance des entreprises belges non cotées, cf. bibliographie.
[9] Propos d'Henri Lachmann, président du conseil de surveillance de Schneider Electric, au cours d'un séminaire de l'IFA en juillet 2006.

la survenance d'une opération majeure (acquisition, offre publique…) peut perturber ces calendriers, en rajoutant quelques réunions… souvent alors tenues en soirée ou pendant le week-end.

Il en va tout autrement dans les entreprises familiales de dimension moyenne où la relation entre les dirigeants, les actionnaires et les administrateurs, est plus informelle et plus fréquente.

Certes un calendrier de principe[10] est-il arrêté en début d'exercice, mais l'intervalle entre ces réunions est souvent ponctué d'échanges entre le dirigeant et ses administrateurs extérieurs, à l'occasion des évènements ou des difficultés rencontrés dans la vie de l'entreprise, dans les relations entre les actionnaires, voire dans la vie privée du dirigeant.

Et c'est là que l'administrateur extérieur joue pleinement son rôle de conseil, aidant le dirigeant actionnaire à combattre sa solitude, à analyser ses problèmes et expliciter ses choix, et à formuler des propositions de solutions.

> L'administrateur extérieur d'un groupe de pâtisserie industrielle accompagne ainsi régulièrement son président fondateur dans des visites d'entreprises dont il envisage la reprise, ou auprès de fonds d'investissement s'intéressant au secteur.
>
> Mais il est également consulté sur l'optimisation des structures patrimoniales, sur les recrutements envisagés, voire sur le meilleur parcours à envisager pour permettre à la génération suivante de rejoindre l'entreprise.

Une qualité essentielle de l'administrateur extérieur est alors la disponibilité, car les besoins de cette nature ne répondent pas à un calendrier fixe. Une incapacité répétée à répondre à de telles attentes serait doublement néfaste : elle interdirait la mise en place de cette relation privilégiée avec les actionnaires familiaux, et priverait le président de l'interlocuteur dont il a besoin pour mener à bien ses réflexions.

Les autres qualités requises dans ces circonstances sont la capacité d'écoute, la compréhension des enjeux, le sens des priorités, et un savant équilibre entre la discrétion et la force de proposition.

---

[10] Cf. calendrier type suggéré au chapitre VII.

La transparence

Plus que tout autre, l'administrateur extérieur d'entreprise familiale ne devrait avoir pour seul guide que l'intérêt social.

Il doit savoir distinguer l'intérêt de l'entreprise de celui de la famille, qui doit être débattu dans d'autres cercles[11], sous peine de mélanger irrémédiablement gouvernance d'entreprise et gouvernance de famille.

Il doit veiller à ne pas devenir l'instrument de conflits internes, et à ne pas prendre parti entre les branches de la famille, surtout si toutes les composantes de l'actionnariat familial ne sont pas représentées au conseil.

Il veillera à ce que les vues exprimées par ses pairs en conseil soient motivées, et n'hésitera pas à les interroger sur les étapes de concertation familiale ayant pu intervenir avant une prise de position.

Il veillera enfin à la qualité et au niveau de détail des comptes rendus des réunions du conseil, dont ses collègues actionnaires découvriront rapidement les vertus responsabilisantes ! Sa meilleure arme résidera dans la bonne circulation de l'information.

> Dans un groupe industriel contrôlé par une famille, le président commun à la filiale opérationnelle et à la holding de contrôle avait pris l'initiative de proposer la nomination d'un administrateur «indépendant» dans la société industrielle. Plusieurs candidats présélectionnés par ce président furent invités à plancher devant les administrateurs issus de la famille, qui retinrent l'un d'entre eux, compétent mais marqué par son parrainage.
>
> Rapidement, les membres des autres branches de la famille souhaitèrent faire entrer «leur homme» au conseil, sans avoir d'autre critique à formuler à l'encontre du dernier venu que de ne discuter qu'avec le président.
>
> D'où tensions, conflit, allant jusqu'à une tentative de révocation du président dans son rôle de président de la holding. La crise n'est pas terminée, mais elle aurait pu être évitée si le nouvel administrateur avait équilibré ses contacts et discussions en veillant au principe de transparence.

L'administrateur extérieur d'une entreprise familiale est l'administrateur d'une entreprise, pas celui d'une famille !

---

[11] Cf. chapitres I et II.

L'accountability

Accountability : concept américain, mot difficile à traduire en français, mais qualité essentielle de l'administrateur extérieur d'une entreprise familiale.

Il ne s'agit pas ici de comptabilité, mais de responsabilité, l'administrateur extérieur étant « comptable » des progrès de gouvernance de l'entreprise devant les actionnaires qui l'ont élu.

Et cette responsabilité dépasse la responsabilité juridique de l'administrateur telle qu'évoquée dans un précédent chapitre. Il s'agit de l'image – réelle ou exagérée – que les actionnaires et l'environnement se font de sa contribution au progrès de l'entreprise, ainsi que de la perception qu'il a lui-même de son rôle et du résultat de son action.

Dans une entreprise familiale, la décision d'ouvrir le conseil à un administrateur extérieur représente une décision majeure. Elle résulte d'un processus de maturation progressif, d'une réflexion lente, d'une prise de conscience de la nécessité de s'ouvrir, et de faire évoluer la gouvernance de leur société.

L'arrivée de cet administrateur est donc le symbole du changement. Les actionnaires en attendent beaucoup, parfois trop, et c'est là que peut résider un piège : nombreuses sont les entreprises familiales dont les associés considèrent avoir fait leur devoir d'actionnaire moderne et ouvert en procédant au recrutement d'un administrateur extérieur. Alors que le travail de fond, celui qui créera de la valeur patrimoniale ne fait que commencer.

L'administrateur extérieur apporte son professionnalisme, mais il ne doit pas accepter d'être présenté comme le garant d'une bonne gouvernance par sa seule présence. L'administrateur extérieur n'est pas une figure de proue !

Un groupe familial de distribution de matériel agricole dirigé par les héritiers du fondateur avait ainsi invité un professeur d'économie à rejoindre son conseil. Peu après cette nomination, le président avait organisé une réunion d'information destinée aux banquiers, leaseurs et assureurs-crédit. Il y invita

69

– à titre d'information – le nouvel administrateur… et lui donna la parole sans l'avoir prévenu, l'utilisant ainsi comme caution morale de bonne gouvernance et gestion devant les bailleurs de fonds de l'entreprise.

Ce n'est ensuite qu'en adressant au président des mémos techniques et précis, en prenant en conseil des positions tranchées, et en exigeant leur transcription au procès-verbal, que l'administrateur put redéfinir son rôle et établir les conditions d'une collaboration efficace.

L'implication

La loi NRE a limité à cinq[12] le nombre de mandats qu'un administrateur de société anonyme, cotée ou non, peut exercer simultanément. Bien que cette limitation ait été souvent critiquée et perçue comme contraignante par quelques « cumulards », elle représente certainement déjà un maximum si l'administrateur entend exercer pleinement son mandat.

Le programme d'un administrateur « professionnel » comprendra en effet au minimum :

- la participation minimum à 4 conseils réguliers, d'une durée d'une demi-journée[13] ;
- la participation vraisemblable à 2 conseils exceptionnels (à l'occasion d'une acquisition, d'un nouvel emprunt, d'un recrutement majeur, d'un contrat important…) ;
- l'analyse avant chacun de ces conseils des documents reçus à l'avance ;
- la relecture des comptes rendus et l'envoi de remarques destinées à en améliorer l'objectivité ;
- la participation à 3 ou 4 réunions de comité, ou autant de séances de travail techniques avec le président et/ou les principaux actionnaires, chaque réunion étant précédée de l'étude d'un dossier et suivie par celle du compte rendu ;

---

[12] Non compris les filiales et les sociétés étrangères.
[13] Cf. proposition de calendrier au chapitre VII.

- la rencontre régulière des principaux collaborateurs ;
- la visite des sites et/ou des principales réalisations ;
- la visite de salons ou expositions professionnelles du secteur ;
- la lecture de publications professionnelles.

Sans compter les nombreux échanges informels existant entre administrateur extérieur et dirigeant dans les entreprises familiales et patrimoniales. Soit un total de 12 à 15 journées ouvrables par conseil !

En autorisant sa participation à cinq conseils de sociétés anonymes, le législateur autorise ainsi implicitement l'administrateur à s'éloigner plus de 2 mois par an de ses autres occupations, c'est-à-dire le plus souvent de l'entreprise qu'il anime lui-même.

Sans compter les mandats qu'il peut occuper (hors statistique) dans les filiales de sa société, dans les SARL et SAS, dans les sociétés étrangères, dans des associations ainsi que dans des organisations professionnelles.

Est-ce bien raisonnable ?

Un administrateur ne doit donc accepter de mandat dans une entreprise familiale que s'il est certain de pouvoir y consacrer le temps que ce mandat nécessite, et que l'entreprise mérite. Car pour elle ce recrutement n'est pas neutre, et ses attentes sont élevées.

L'exercice d'un mandat n'étant pas une sinécure, l'administrateur extérieur ne l'acceptera que s'il est convenablement rémunéré, c'est-à-dire si sa rémunération correspond au temps qu'il y consacre et au risque que son exercice lui fait encourir.

Ainsi, le Code Buysse de corporate governance des entreprises belges non cotées « souscrit au principe général selon lequel la rémunération doit être suffisamment élevée pour attirer, garder et motiver les administrateurs qui répondent au profil défini par le conseil d'administration ».

L'appréciation du montant adéquat relève de cas d'espèce[14], mais une certaine souplesse découle du fait que si c'est l'assemblée générale qui

---

[14] « If you pay peanuts, you get monkeys » selon la formule en vogue dans les cabinets de recrutement américains…

décide du montant global des jetons de présence, c'est au conseil de décider de sa répartition. Il peut ainsi décider de rémunérer convenablement un administrateur extérieur, sans avoir à verser la même somme aux cousins dont la contribution en conseil n'est que symbolique, ou qui touchent déjà des salaires ou dividendes significatifs.

Enfin, l'administrateur avisé n'acceptera le mandat proposé que si l'entreprise a souscrit une police d'assurance spécifique, couvrant la responsabilité civile ainsi que le volet financier de la responsabilité pénale de l'ensemble de ses mandataires sociaux, administrateurs et dirigeants.

Chapitre VI

Les 7 règles d'or des processus de décision équitables dans les entreprises familiales ou « Fair Process »

De l'importance de l'équité dans les processus de décision

PAR CHRISTINE BLONDEL

« C'est vraiment injuste ! Pourquoi ta sœur et pas toi ? ».

Lors des grandes décisions concernant l'entreprise familiale, les questions de justice et d'équité viennent inévitablement à la surface. Prenons par exemple des questions majeures comme la nomination des administrateurs, celle du président ou du directeur général, et la succession patrimoniale.

- Comment les nominations des administrateurs doivent-elles se faire, qui nommer pour permettre aux actionnaires de se sentir représentés, et à l'entreprise de bénéficier du meilleur apport ?
- Comment sélectionner le prochain président ou directeur général et faire en sorte que cette décision soit acceptée par tous ?
- Comment prévoir le partage du patrimoine dans la génération à venir ?
- Faut-il que les dirigeants aient plus d'actions que les autres ?

Ces questions, et beaucoup d'autres, n'ont pas de réponse standard mais leur résolution pourra contribuer au bon fonctionnement de l'entreprise, ou au contraire créer des sentiments d'incompréhension et des ressentiments parfois extrêmement dangereux pour l'entreprise et pour la famille. Prenons quelques exemples vécus.

> Dans la famille A.[1], l'un des enfants est pressenti pour prendre la relève du père. C'est le seul qui travaille dans l'entreprise, et son intérêt et ses compétences se confirment de jour en jour. Cependant, lui-même éprouve le besoin d'être assuré qu'il est compétent pour le poste. Les autres membres de la famille aussi voudraient être sûrs qu'il sera le meilleur dirigeant pour l'entreprise.

> Le père, au lieu d'imposer son point de vue, s'en remet au conseil d'administration (et en particulier aux administrateurs « indépendants ») pour juger si son fils est effectivement compétent pour prendre sa succession.

Tous ont besoin de sentir que les décisions sont justes : les membres de la famille, mais aussi les employés non familiaux. Être indûment privilégié est rarement agréable, même pour le bénéficiaire. L'inverse n'est pas souhaitable non plus. Dans l'exemple ci-dessus, en formalisant une procédure qui consiste à donner la responsabilité de la nomination au conseil (cette responsabilité fait effectivement partie des responsabilités d'un conseil d'administration), le père met de la clarté et de la cohérence dans le processus, le distancie de l'émotionnel familial, et permet à la nomination d'être acceptée par tous.

> Dans la famille B. le chef d'entreprise se pose la question de la répartition des parts de l'entreprise chez ses enfants. Il pense qu'il sera plus facile pour le fils qui va reprendre la direction de diriger l'entreprise en ayant plus d'actions que les autres. Ce chef d'entreprise consulte ses enfants pour comprendre quels rôles ils sont intéressés à jouer. Chacun des enfants est intéressé par un rôle différent dans l'opérationnel ou la gouvernance. La surprise du chef d'entreprise est que son fils ne souhaite pas avoir plus d'actions de l'entreprise que les autres, et qu'il accueille avec plaisir l'implication des autres membres

---

[1] Les exemples sont tous réels, même si certaines circonstances ont pu être modifiées par souci de confidentialité.

de la famille en tant qu'actionnaires. La décision finale n'est donc pas celle que le chef d'entreprise avait envisagée, mais satisfait tous les membres de la famille et correspond à leurs aspirations.

Le processus de décision a eu un impact sur la décision finale, mais aussi, en impliquant chacun, permet une meilleure motivation et mise en œuvre.

Dans une autre famille à la configuration semblable, au contraire, le successeur avait souhaité avoir un pouvoir plus grand pour gérer l'entreprise, dans le cas présent une minorité de blocage.

Ces deux derniers exemples montrent que deux résultats différents peuvent être satisfaisants en réponse à une même question. Chaque famille trouvera la solution qui lui convient et il est difficile de dire si une solution est plus « juste » que l'autre.

En revanche, il est possible de dire si le processus suivi a été plus ou moins équitable. En particulier, le fait d'écouter chacun et d'envisager plusieurs options – même si la décision finale appartient au leader – permet de prendre une meilleure décision, et aussi d'assurer une plus grande satisfaction et donc collaboration des personnes concernées.

Nous allons ici partager 7 conseils pour des processus de décision équitables dans une entreprise familiale. Ils sont au cœur des travaux de l'INSEAD[2] dans ce domaine.

Communiquer et permettre à chacun d'exprimer son point de vue

La communication est l'élément vital dans les familles et dans les entreprises familiales. La communication commence par le silence et l'écoute, et inclut aussi la parole respectueuse et l'information. Pour encourager la communication et l'expression des points de vue, il est important que la famille ait non seulement les instances officielles, en particulier

---

[2] Voir en particulier l'article de Ludo Van der Heyden, Christine Blondel et Randel Carlock, « Fair Process : Striving for justice in family business », *Family Business Review*, mars 2005.

les assemblées d'actionnaires qui doivent effectivement avoir lieu pour informer et recueillir les points de vue, mais aussi des forums de discussion plus informels : réunions familiales et conseil de famille.

Nous encourageons les familles à écrire un code de conduite qui sera affiché lors de leurs réunions et pourra inclure des « consignes » comme : écouter avec respect, s'exprimer avec mesure et sincérité, laisser la parole aux plus jeunes, accepter que tous les points de vue contribuent au débat, etc. Il convient que chacun se sente en sécurité pour s'exprimer.

Donner la parole à toutes les personnes concernées par une décision permettra d'enrichir la discussion et d'envisager plus d'options. C'est ce qui a permis à la petite entreprise de la famille D. de perdurer :

> L'entreprise avait été créée par M. et Mᵐᵉ D. pour organiser des voyages d'affaires. Après quelques années, elle restait une très petite entreprise et Peter, le fils unique, muni d'un MBA international, avait plutôt envie de rejoindre une multinationale. Peter se sentait sous forte pression car son père venait de découvrir qu'il souffrait d'une maladie grave. Heureusement la solution viendra de la discussion : une cousine de Peter, qui n'avait jamais été impliquée dans l'entreprise, se déclarera intéressée pour y entrer puis la reprendre.

De la discussion et de l'écoute des points de vue naissent de nouvelles solutions. Mais aussi les membres de la famille que l'on a écoutés sont plus motivés pour contribuer, et pour mettre en œuvre les solutions.

> Dans la famille E. un certain nombre de rancœurs s'étaient accumulées au cours des générations, sans trouver d'exutoire. Lorsqu'une nouvelle génération arriva aux commandes, ses représentants décidèrent qu'il était important d'écouter ce que chacun ressentait. Lors d'une réunion familiale, il fut demandé à chacun quelles étaient les questions sur lesquelles la famille devrait travailler dans les prochaines années.
>
> Les réponses furent collectées de manière anonyme sur des petites cartes, ensuite affichées et regroupées par thème. Les thèmes furent classés par importance en utilisant un système de vote simple, et des comités formés de volontaires pour travailler sur les différents sujets.

Le simple fait d'exposer les idées devant tous, permet déjà d'éliminer une partie de la pression des non-dits : chacun est heureux d'avoir pu exprimer son point de vue, de se sentir « entendu ».

Cette explicitation permettra de vérifier, ou d'amender, des hypothèses qui pourraient être faites *a priori* sur les aspirations des uns et des autres. Par exemple, certains entrepreneurs pensent encore sincèrement que leurs filles « ne sont pas intéressées par l'entreprise » – hypothèse souvent démentie par un entretien avec les personnes concernées.

Encourager la clarté

La clarté est un autre élément important de « Fair Process ». Il s'agit tout d'abord de la clarté des aspirations des uns et des autres, qui pourra être recherchée lors des réunions de famille, et encouragée par un code de conduite.

Il s'agit aussi de la clarté des règles qui s'appliqueront lors de différentes décisions. Une charte ou constitution de famille pourra expliciter une sorte de loi qui fera référence. Ainsi, la famille actionnaire pourra détailler les règles concernant la détention et la cession des actions de l'entreprise : qui peut être actionnaire, comment vendre des actions, à quel prix et à qui, y a-t-il des directives concernant la distribution de dividendes... ?

D'autres règles pourront concerner l'emploi des membres de la famille dans l'entreprise : une pratique intéressante est d'encourager une expérience professionnelle réussie en dehors de l'entreprise familiale ; des familles ont des exigences concernant le niveau de diplômes ou le nombre de langues parlées ; d'autres préfèrent ne pas imposer de parcours mais utiliser des comités de sélection ou des spécialistes de ressources humaines pour orienter les membres de la famille en fonction de leurs compétences. Des règles sont également souhaitables concernant la nomination des membres de la famille au conseil d'administration et aux autres instances de gouvernance familiale.

Quelles que soient les règles, il importe qu'elles soient connues et clairement communiquées et que tous sachent qu'elles seront appliquées avec cohérence. La présence d'administrateurs extérieurs pourra encourager la clarté, ceux-ci pouvant demander de connaître les règles de la famille ou faire expliciter les attentes des uns et des autres.

Être cohérent

La cohérence est le troisième pilier du « Fair Process ». Il s'agit d'appliquer les règles de la même manière à tous. Ainsi, si l'on refuse un emploi à un des membres de la famille parce qu'il n'a pas d'expérience professionnelle et que ce point est un « prérequis » dans la famille, il ne s'agira pas, peu de temps après, d'offrir un poste à une cousine qui sort d'une université prestigieuse mais n'a jamais travaillé.

Une fois de plus, l'explicitation des règles de fonctionnement de la famille actionnaire permettra d'éviter les traitements différents, et les membres du conseil d'administration extérieurs à la famille pourront veiller à un traitement cohérent de tous.

Soulignons le fait que cohérence ne veut pas dire égalité : ce sont les mêmes règles qui seront appliquées, ou les mêmes processus (par exemple, le passage obligé par un spécialiste de recrutement), mais la décision ne sera évidemment pas la même pour tous.

Être ouvert au changement

Cette cohérence ne doit pas être rigide, et les règles devront être épisodiquement revues. Un exemple particulièrement important dans les familles actuelles est celui du rôle des femmes. Lors des générations précédentes, les femmes étaient traditionnellement exclues de l'actionnariat des entreprises.

Leur rôle était d'élever la génération suivante, mais pas de gérer l'entreprise, ni même de s'y intéresser – sauf en cas de veuvage, où elles avaient toute légitimité pour assurer la transition de générations. Cette situation a bien évolué, et les familles changent leurs règles du jeu, permettant aux femmes non seulement de devenir actionnaires, mais aussi administratrices et dirigeantes.

Lorsque les familles écrivent leurs règles de fonctionnement, ou charte, ou constitution, elles doivent être conscientes de la nécessité d'ouverture au changement, et prévoir dans la charte des modalités pour changer les règles : révision systématique tous les 5 ou 10 ans, sur demande d'un certain nombre d'actionnaires… La charte pourra également, en introduction, situer le contexte dans lequel elle a été élaborée, afin que les décisions soient replacées dans ce contexte.

Les membres du conseil d'administration extérieurs à la famille, sauront aussi questionner des modes opératoires anciens qu'ils n'auront pas contribué à élaborer, s'ils leur semblent peu adaptés aux circonstances. Une rotation des membres familiaux et non familiaux du conseil, même si elle est très progressive, permettra de garder ce regard neuf.

Garder un souci d'équité

Le « Fair Process » ne doit pas devenir quelque chose de mécanique, mais rester un état d'esprit. Par exemple, le chef de famille ne se contentera pas de tenir des réunions de famille où il expliquera la marche de l'entreprise et ses projets. Il devra aussi profiter de ces réunions pour comprendre les interrogations et attentes des membres de la famille.

Attention à ne pas entamer une démarche de consultation des membres de la famille (et donc une démarche de « Fair Process ») si l'intention n'est pas de la mener jusqu'au bout ! Nous avons des exemples de familles où une telle démarche a été amorcée puis interrompue en cours de route, les dirigeants ayant entre-temps pris les décisions pour lesquelles la famille devait être consultée. L'effet est facile à imaginer, et peu favorable au développement de la confiance !

S'aider des 5 étapes

Les leaders des projets familiaux pourront utiliser les cinq étapes d'un « Fair Process[3] » :

---

[3] Source : Van der Heyden, Blondel, Carlock, INSEAD 2005.

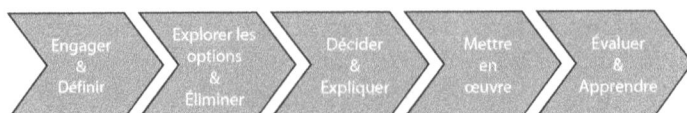

Les cinq étapes du « Fair Process »

- **Phase 1 : Engager et définir**

Cette première étape consiste à impliquer (engager) le plus possible les membres de la famille et à définir les questions sur lesquelles le groupe va travailler. Comme dans l'un des exemples que nous avons cités, il est très intéressant à ce stade de laisser remonter les idées de tous les membres de la famille, et s'exprimer les non-dits, afin de travailler sur les questions réellement importantes pour tous, et non seulement sur celles perçues par les leaders familiaux.

Un consultant pourra aider les familles à impliquer plus de membres et à faire exprimer les points de vue, soit par des entretiens individuels, soit par une animation de réunion participative.

- **Phase 2 : Explorer les options et éliminer**

Les familles se limitent souvent dans leurs choix en ne considérant qu'un nombre d'options limitées. Il est important d'envisager plus d'options, comme dans le cas de succession où la nièce du fondateur était le successeur intéressé.

Ces options viendront naturellement par l'implication des membres de la famille dans les discussions. Aussi, une connaissance de ce que pratiquent d'autres entreprises et d'autres familles enrichira la réflexion.

- **Phase 3 : Décider et expliquer**

La prise de décision sera facilitée par les étapes précédentes, et par une modération de réunion permettant à chacun de s'exprimer. Les familles devront s'accorder sur leur mode de décision ; si le consensus est souhaitable dans des groupes réduits, un recours au vote peut être souhaitable pour des grandes assemblées ou en cas de difficulté à atteindre un consensus.

Il s'agira aussi de veiller à ce que les décisions soient expliquées et communiquées – et leur contexte spécifié.

■ **Phase 4 : Mettre en œuvre**

Cette phase est bien sûr l'objectif du travail, et il est important de noter qu'elle sera d'autant plus réussie que les phases précédentes auront été respectées. En effet, les personnes impliquées seront d'autant plus motivées à la réalisation qu'elles auront participé à la décision.

■ **Phase 5 : Évaluer et apprendre**

Il est important d'apprendre des expériences passées, qu'elles aient été réussies ou non.

Utiliser le schéma des 3 cercles

Un schéma qui pourra aider les entreprises familiales dans leurs décisions est celui des « trois cercles[4] ». En effet, l'entreprise familiale voit cohabiter des sphères de nature et de mode de fonctionnement différents :

■ l'entreprise, où le mérite et la compétence priment ;

■ les actionnaires, où l'on considérera la part du capital et sa rentabilité ;

■ la famille enfin, où l'harmonie et la prise en compte des besoins de chacun seront la priorité.

Ces sphères sont naturellement mélangées et cela fait partie de la force de l'entreprise familiale, mais crée aussi des risques de confusion. Dans notre expérience, l'utilisation de ce schéma est très utile pour permettre de résoudre un certain nombre de questions.

> Les membres de la famille F. trouvaient très difficile d'aborder le sujet de leur rémunération. Pour les uns, il était normal que chaque membre de la famille gagne un salaire différent selon son poste et ses responsabilités. D'autres avaient plus de mal à accepter que les frères et sœurs soient à des niveaux de rémunération – et donc éventuellement de train de vie – différents.

---

[4] Source : Tagiuri et Davis, 1982.

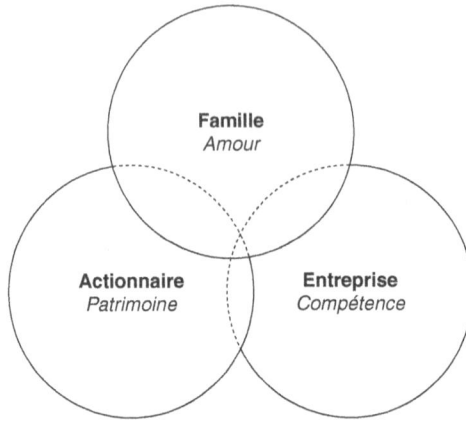

Les trois univers de l'entreprise familiale

La prise de conscience des niveaux différents de rémunération selon les différents cercles (les salaires pour rémunérer un travail dans l'entreprise, les dividendes pour rémunérer le capital bloqué par les actionnaires) a permis de soulager la tension qui régnait autour de ces questions.

La famille a ainsi clarifié le fait que le salaire dépendait du travail fourni, que le dividende était proportionnel au capital détenu, et qu'il était possible également de créer un fonds familial aidant les membres de la famille à financer leurs études.

Les réponses aux préoccupations sont adaptées aux sphères considérées, et sont différentes selon que l'on se place dans la sphère de l'entreprise (mérite), des actionnaires (proportionnalité) ou de la famille (besoins).

Une question délicate dans les familles ayant atteint ou dépassé la 3ᵉ génération est celle de la représentation des branches familiales dans la gouvernance et l'opérationnel. Certaines familles poussent le désir d'égalité jusqu'à souhaiter avoir le même nombre de représentants de chaque branche dans l'opérationnel de l'entreprise. Beaucoup de familles actionnaires, sans aller jusque-là, souhaitent avoir une représentativité des branches au niveau du conseil d'administration.

Cependant, un accent trop fort porté sur la représentativité peut conduire à ne pas avoir le meilleur équilibre de compétences. La bonne pratique serait de considérer que plus la position est près de l'entreprise, plus le mérite doit primer sur la représentativité. En revanche, cette dernière est souhaitable (les branches étant un des moyens de l'atteindre mais pas le seul possible) au niveau du conseil de famille ou du conseil de la holding.

En conclusion : la relation entre « Fair Process » et gouvernance

On aura vu dans ce chapitre comment la gouvernance au sens large favorise le « Fair Process » :

- le conseil d'administration, avec des administrateurs extérieurs, favorisera la clarté, la cohérence et le changement ;
- les réunions d'actionnaires et le conseil de famille permettront la communication ;
- la charte de famille permettra de donner un cadre clair et cohérent.

Réciproquement, le « Fair Process » renforce la gouvernance. Par exemple, la constitution de famille a plus de chances d'être respectée si elle-même a été élaborée en impliquant les membres de la famille. La légitimité du conseil d'administration ou du dirigeant est d'autant plus grande que le processus de nomination aura été transparent et équitable.

On voit ainsi que « Fair Process » et gouvernance se renforcent et se complètent dans les entreprises familiales et patrimoniales.

Chapitre VII

7 moyens de motiver ou d'utiliser au mieux les compétences des administrateurs d'entreprises familiales et patrimoniales

PAR SERGE GAUTIER

La très grande majorité des conseils d'administration d'entreprises familiales est composée de membres choisis ou proposés aux actionnaires par le dirigeant, la nomination par l'assemblée générale d'administrateurs imposés au président étant beaucoup plus rare. Dans tous les cas le dirigeant bâtit son gouvernement d'entreprise autour d'une structure juridique de base qui peut comporter :

- un conseil d'administration sous sa forme traditionnelle, avec la possibilité d'une séparation des fonctions de président du conseil et de direction générale ;

- une structure duale avec un directoire et un conseil de surveillance ;

- une gérance pour les SARL ;

- etc.

Avec les SAS (Société par Actions Simplifiée), le dirigeant peut disposer d'une encore plus grande liberté d'organisation de sa gouvernance en rédigeant des statuts adaptés.

Quelle que soit la structure choisie, le gouvernement d'entreprise sera à l'image de l'actionnaire dirigeant et reflétera le mode de management qu'il y insufflera. Examinons comment le dirigeant pourra motiver ou utiliser au mieux les compétences de ses administrateurs.

Établir une relation de confiance par un contrat moral

Le dirigeant d'entreprise familiale qui a choisi de faire entrer un ou plusieurs administrateurs indépendants au sein de son conseil a franchi une étape majeure dans sa façon d'envisager la gouvernance de son entreprise. *De facto*, il accepte d'ouvrir les comptes de son entreprise, il sollicite les conseils, accepte la critique, les opinions différentes…

Pour qu'il soit réussi, ce partenariat doit être quelque peu formalisé dès le « recrutement » par un dialogue et un contrat moral entre le dirigeant et le candidat administrateur. Le dirigeant doit prendre l'initiative et tenir en quelque sorte le langage suivant :

> « Je vous ai choisi pour telle et telle raison, je souhaite que vous apportiez sur mon entreprise un regard différent et critique. Vous devez me challenger.
>
> De mon côté je m'engage à vous fournir l'information nécessaire à l'accompagnement de votre mission, à vous tenir informé régulièrement et à solliciter votre point de vue.
>
> S'agissant d'un véritable partenariat, et compte tenu de ce que j'attends de vous, j'imagine que vous allez vous investir. En conséquence, il est normal que vous soyez rémunéré par des jetons de présence d'environ tant d'euros. »

Sans aller jusqu'au formalisme d'une lettre de mission[1], il serait souhaitable de confirmer ce contrat moral par un courrier adressé par le président du conseil à son nouvel administrateur.

---

[1] L'usage de la lettre de mission de l'administrateur est très répandu en environnement anglo-saxon et commence à figurer parmi les bonnes pratiques en France.

Ensuite, chacun devra jouer le jeu et respecter les termes de cet accord. Périodiquement, il sera bon de faire un bilan de la mise en œuvre de ce contrat moral pour en évaluer la bonne application.

Leur faire connaître l'entreprise et son environnement

Cette nécessité concerne plus particulièrement les administrateurs indépendants ou « non exécutive », ceux qui n'exercent aucune fonction au sein de l'entreprise (ou du groupe), soit comme mandataire social, soit comme salarié.

Au-delà de ses compétences et de l'expérience qu'il apportera au conseil, le nouvel administrateur doit dès le départ s'immerger dans l'entreprise, sa culture, son environnement. Dans un monde idéal, le nouvel administrateur devrait se voir remettre à son arrivée toute une série de documents tels que :

- présentation de l'entreprise (plaquettes commerciales, press-book...) ;
- documentation juridique (statuts, copies des procès-verbaux des conseils et des assemblées générales des 2 dernières années, liste des actionnaires...) ;
- documents comptables (comptes annuels et consolidés des 2 dernières années, budgets, tableaux de bord...) ;
- informations sur la concurrence, le secteur d'activité, études de marchés, toutes informations sur les produits, les clients...

La compréhension de l'entreprise ne s'acquiert pas par la simple lecture d'une documentation. Elle se vit, et le meilleur moyen de comprendre la vie de l'entreprise c'est de visiter son cœur d'activité : usine, laboratoire, plate-forme, centre d'appels...

L'entreprise reposant sur des hommes, et les équipes étant réduites dans les entreprises familiales, la rencontre des administrateurs et des managers y est particulièrement nécessaire : rencontres informelles lors de visites au siège ou sur les sites de production, ou plus formelles, en conviant un cadre à chaque début de conseil pour parler de son métier et de son rôle dans l'entreprise ou le groupe.

Dans certains cas, une formation spécifique de l'administrateur peut également être envisagée.

Organiser les séances du conseil et fournir des informations adaptées

Les bonnes pratiques de gouvernance recommandent de réussir le conseil au minimum 4 fois par an. Il n'y a cependant pas de règles, le nombre de réunions annuelles étant dicté par l'importance des sujets à traiter et leur degré d'urgence.

Pour optimiser au mieux le travail du conseil il est impératif de le préparer et de le piloter au mieux :

- préparer le calendrier de tenue des réunions un an à l'avance (en début d'année par exemple) ;
- rassembler l'information qui servira de support aux discussions du conseil, et les mettre à disposition de chaque administrateur, dans un délai raisonnable, afin qu'il ait le temps d'en prendre connaissance, de se l'approprier et de préparer des questions. La remise de cette information deux ou trois jours avant la tenue des conseils semble être le minimum ;
- trop d'informations nuit à l'information. Il ne faut pas perdre de vue que compte tenu de l'étendue des sujets relevant du conseil et du temps limité dont il dispose, il est crucial que cette information soit pertinente et synthétique ;
- présenter une information comptable synthétique, exprimée en milliers d'euros, avec des tableaux de bord présentés sous une forme identique à chaque conseil. Celle-ci reprendra par exemple les chiffres de la période comparable de l'année antérieure et du budget. Elle sera donnée pour le mois en cours et en cumul depuis le début de l'exercice social.

Le droit positif français fait poser sur le président de la société l'obligation d'informer chaque administrateur : le président du conseil « s'assure, en particulier, que les administrateurs sont en mesure d'accomplir leur mission » (article 225-51 du Code de commerce). Cette obligation ne doit pas être vécue comme une contrainte ; de plus, elle est dictée par la nécessité de fournir l'information nécessaire pour pouvoir exercer correctement son mandat. « Le président ou le directeur général de la société est tenu de communiquer à chaque administrateur tous les documents nécessaires à l'accomplissement de sa mission ». La qualité et la pertinence de cette information doivent permettre à chacun de donner le meilleur de lui-même.

Rappelons à l'inverse que l'administrateur doit réclamer au président du conseil l'information qu'il estime nécessaire au bon exercice de ses fonctions.

> Dans les PME, il est recommandé de réunir le conseil au minimum 4 fois par an. Pour une société qui clôture le 31 décembre par exemple :
> • Fin mars :
> Examen et arrêté des comptes ;
> Point sur l'activité et sujets divers.
> • Fin juin :
> Point sur l'activité et sujets divers ;
> • Fin septembre :
> Point sur l'activité et sujets divers ;
> Première réflexion budgétaire.
> • Fin décembre :
> Point sur l'activité et sujets divers ;
> Arrêté du budget de l'exercice suivant ;
> Tendance de l'année en cours.

Donner aux administrateurs une juste rémunération

Les administrateurs sont rémunérés par des jetons de présence dont le montant global est voté en assemblée générale sur proposition du conseil. La répartition entre les administrateurs est décidée en conseil.

Rémunérer l'implication personnelle des administrateurs

L'expression « jetons de présence » utilisée par la loi est parfaitement inadaptée à la rémunération des administrateurs. L'entreprise ne rémunère pas seulement une présence, elle rémunère une prestation, un travail, une valeur ajoutée.

Pour pouvoir jouer pleinement son rôle, l'administrateur doit consacrer le temps nécessaire à la connaissance et à la compréhension de l'entreprise et de son métier. En dehors des séances des conseils, il doit se former, s'informer, étudier les dossiers préparatoires fournis par l'entreprise avant les conseils (projets de comptes, dossiers d'investissements, tableaux de bord…), participer à des comités… Le travail de l'administrateur est une véritable « prestation intellectuelle ».

Une juste rémunération

La rémunération de l'administrateur indépendant (non exécutif) doit être adaptée à la taille de l'entreprise et aux problématiques qui en découlent (filiales en France ou à l'étranger, secteur d'activité, cotation de l'entreprise etc.). Elle est également liée au niveau d'implication de l'administrateur et à l'importance des services qu'il apporte à l'entreprise.

Un administrateur pressenti pour rejoindre le conseil d'une entreprise familiale doit évoquer ce sujet avant d'accepter son mandat. Répondre à sa question : « Au-delà des devoirs et diligences normales de tout administrateur, qu'attendez-vous de moi en tant que futur membre de votre conseil ? » permettra d'évaluer globalement le volume du temps qu'il devra consacrer à la mission d'administrateur, et en conséquence de lui octroyer une juste rémunération.

Enfin, l'acceptation d'un mandat d'administrateur comporte des risques spécifiques de mise en cause, tant civile que pénale, dont le candidat devra mesurer l'importance, pour évaluer l'étendue des diligences qui seront nécessaires pour les prévenir. Ainsi donc le temps à consacrer à cette mission devra, de même que le facteur risque, trouver sa contrepartie dans la rémunération.

Une rémunération motivante liée à la situation et aux résultats de l'entreprise

En dehors des jetons de présence et des rémunérations exceptionnelles pour missions ponctuelles la loi permet la mise en place de Bons de Souscriptions d'Actions (BSA).

Cette politique de rémunération très particulière des administrateurs mise en place par le dirigeant est bien souvent dictée par la situation de l'entreprise :

- dans une entreprise en phase de démarrage, le dirigeant sera plutôt tenté par cette formule car l'entreprise consacre l'essentiel de ses moyens à d'autres objectifs, et est incapable de rémunérer ce type de compétence par du cash ;
- dans les entreprises en difficulté, il est extrêmement difficile d'attirer les compétences d'administrateur indépendant avec des jetons de présence réduits au minimum.

L'accès au capital d'une entreprise à des conditions privilégiées correspond à une formule de partage de la richesse créée par l'entreprise sur le long terme.

Ce n'est donc pas un mode de rémunération normal d'une activité professionnelle. En outre, il n'est pas sain qu'un administrateur, surtout professionnel, bénéficie d'un traitement particulier, quel qu'il soit, susceptible de fausser son jugement, ou d'introduire des intérêts parasites dans ses positions.

Une répartition inégalitaire des jetons de présence

Au-delà de la pratique habituelle d'une répartition égalitaire des jetons de présence, le dirigeant de PME peut envisager des formules plus audacieuses ou motivantes en répartissant de façon inégalitaire les jetons de présence :

- favoriser la rémunération des administrateurs au détriment des administrateurs de l'équipe de direction déjà rémunérés au titre d'un salaire ou d'un mandat ;

- favoriser un administrateur qui s'implique beaucoup plus et qui prend des responsabilités au sein de comités ou en dehors de ceux-ci.

Faire travailler l'administrateur sur un domaine particulier

Le dirigeant d'entreprise familiale s'entoure d'administrateurs qui lui apporteront la compétence ou l'expérience qui lui manquent et il doit pouvoir dire dès le départ à chaque administrateur « voilà ce que j'attends de vous ».

L'administrateur concerné se sentira investi d'une mission et donnera ainsi le meilleur de lui-même. Dans certains cas particuliers le conseil pourra confier à l'un des membres une mission exceptionnelle (prospection commerciale, étude de faisabilité…) et lui octroyer une rémunération spéciale prise en charge par la société et hors de l'enveloppe globale des jetons de présence.

Dans les sociétés de taille plus importante cette pratique s'est développée par la création de comités spécialisés réunissant administrateurs, cadres de l'entreprise et compétences externes : comité d'audit, comités stratégiques, comité des rémunérations.

Dans les deux cas précédents (mission spéciale ou comité spécialisé) les conclusions doivent être reprises par les membres du conseil dans leur ensemble, car c'est bien à la collégialité du groupe, au conseil lui-même, que revient la décision.

Lorsqu'une véritable confiance s'est établie, le dirigeant pourra ainsi impliquer l'administrateur ponctuellement en dehors du conseil d'administration pour favoriser une mise en relation par exemple, pour lui demander son point de vue sur un point particulier. Mais attention : l'administrateur ne doit pas s'immiscer dans la gestion ou avoir un rôle habituel de conseil comme pourrait l'être un consultant indépendant au service de l'entreprise.

Constituer une véritable équipe

À l'instar des équipes de sports collectifs comme le football ou le rugby le dirigeant doit composer la meilleure équipe. Il peut le faire en s'entourant d'« advisors » ou conseillers externes permanents tels que les experts-comptables, conseils stratégiques, ingénieurs techniques...

Il pourra également renforcer et équilibrer les compétences ou l'expérience des membres de son conseil d'administration en procédant au recrutement d'administrateurs ayant un profil adapté, et par le respect des règles d'équilibre au sein du conseil.

Équilibrer les compétences ou l'expérience

Même si ce sont les actionnaires qui nomment les administrateurs en assemblée générale, c'est bien souvent le dirigeant qui compose son conseil et en choisit les membres. Il s'agit bien d'une équipe (gagnante) et l'un des critères fondamentaux du recrutement est la compétence ou l'expérience.

Ainsi le dirigeant s'entourera d'administrateurs qui lui apporteront une compétence complémentaire à la sienne :

- le dirigeant désireux de développer son chiffre d'affaires à l'export recrutera un administrateur ayant exercé des responsabilités de ce type dans un grand groupe ;
- un dirigeant qui n'a pas de direction financière fera appel à un administrateur ayant exercé son art dans ce domaine ;
- un dirigeant souhaitant développer un secteur marchand sur Internet invitera à son conseil un administrateur patron de PME ayant réussi dans ce domaine.

Comité scientifique, comité éthique

Notons que dans certaines entreprises développant des produits à haute technologie il est possible de créer, en dehors du conseil d'administration, un comité scientifique rassemblant des représentants de la « société civile », des ingénieurs et des chercheurs de divers horizons.

C'est un moyen astucieux de débattre de sujets techniques ou éthiques concernant l'entreprise, sans pour autant entrer dans le formalisme et les contraintes du conseil d'administration.

Des administrateurs indépendants

La présence d'administrateurs indépendants au sein des conseils d'administration est un des fondements du gouvernement d'entreprise. Ce n'est pas le seul, mais c'est celui qui semble avoir été le plus médiatisé et qui alimente encore de nos jours des discussions animées.

La définition de l'indépendance la plus souvent retenue est celle du rapport Bouton (septembre 2002) : « Un administrateur est indépendant lorsqu'il n'entretient aucune relation, de quelque nature que ce soit, avec la société, son groupe ou sa direction, qui puisse compromettre l'exercice de sa liberté de jugement ». Cette définition est la plus complète et semble faire l'unanimité. Ainsi ne sont pas indépendants les anciens dirigeants de l'entreprise, ses banquiers, ses clients, les administrateurs d'une même société depuis plus de 10 ans, les relations amicales du dirigeant...

C'est au dirigeant de l'entreprise familiale de définir le nombre d'administrateurs indépendants avec lesquels il a envie de travailler. Rappelons que les deux qualités fondamentales que l'on attend d'un administrateur indépendant sont :

- la volonté de le challenger ;
- une expertise particulièrement utile à lui-même et au conseil d'administration.

Il est habituel de parler de la solitude du dirigeant, surtout lorsqu'il doit faire face à des décisions importantes. La présence d'administrateurs indépendants est une bonne façon d'y remédier :

- elle apporte au dirigeant une vision et des informations extérieures à l'entreprise ou au groupe familial ;
- elle permet d'élargir le champ de vision et de challenger les décisions envisagées par le management en apportant une plus grande objectivité ;

- elle préserve les intérêts de la société en tant que telle, notamment lorsqu'il y a des conflits d'intérêts personnels entre le dirigeant et les actionnaires familiaux :

> Les qualités de l'administrateur énoncées dans le rapport Bouton ne sont pas réservées aux grandes entreprises cotées. Elles s'appliquent parfaitement aux entreprises familiales :
>
> « La première qualité d'un conseil d'administration se trouve dans sa composition : des administrateurs, bien entendu intègres, comprenant correctement le fonctionnement de l'entreprise, soucieux de l'intérêt de tous les actionnaires, s'impliquant suffisamment dans la définition de la stratégie et dans les délibérations pour participer effectivement à ses décisions, qui sont collégiales, pour ensuite les soutenir valablement. »

Favoriser l'énergie collective

Après avoir constitué son équipe idéale le dirigeant va devoir l'animer au mieux pour qu'elle libère le meilleur d'elle-même avec l'objectif d'apporter pour l'entreprise de la valeur ajoutée.

Préparer et animer les conseils d'administration

Quelques règles simples pour que les conseils d'administration soient le plus efficace possible :

- préparer avec soin l'ordre du jour de chaque conseil ;
- remettre à l'avance des dossiers de travail pour que chaque administrateur puisse se les approprier et y réfléchir avant le conseil ;
- minuter le déroulement du conseil et prévoir des pauses ;
- en début de conseil, inviter un cadre de l'entreprise du groupe pour qu'il parle de sa fonction ;
- organiser quelques conseils d'administration sur les lieux mêmes de l'activité de l'entreprise ;
- donner la parole à chaque administrateur ;
- inviter des intervenants extérieurs (consultants, experts) pour présenter un sujet.

Organiser des séminaires stratégiques

Le législateur a prévu que le conseil d'administration fixe les orientations stratégiques de la société. Pour mettre en œuvre cette responsabilité, il convient de respecter une démarche rigoureuse :

- s'informer et explorer les options ;
- éliminer certaines options pour en retenir d'autres ;
- décider.

Pour favoriser cette réflexion, il est souvent souhaitable d'organiser des séminaires stratégiques dans un site résidentiel, en y invitant ponctuellement des cadres de l'entreprise et des consultants ou coachs extérieurs : l'expérience montre en effet que leur organisation régulière favorise significativement la création d'énergie collective.

Valoriser l'esprit d'équipe

Bertrand Collomb, président de Lafarge, résume cette attitude essentielle du conseil d'administration par la formule :

«Un administrateur doit pouvoir dire nous.»

Chapitre VIII

7 arguments en faveur de la mixité dans les conseils d'administration

PAR AGNÈS TOURAINE ET CHRISTINE BLONDEL

On peut s'étonner de devoir encore plaider pour la promotion de la mixité dans les conseils. La France est l'un des pays où le taux d'activité des femmes est le plus élevé, où le nombre de diplômées femmes ne cesse de croître, où le taux de femmes dirigeantes d'entreprises a doublé en quatre ans... sans mentionner des aspects plus évidents encore, à savoir que les femmes sont souvent les principales clientes en direct ou en prescription.

La France reste néanmoins au milieu du peloton européen pour le nombre des femmes dans les conseils d'administration des grandes entreprises, et il semble que la situation ne soit pas meilleure en ce qui concerne les entreprises de taille moyenne. Les seules entreprises du SBF 120 ayant une femme présidente en 2004 étaient des entreprises familiales, mais... elles n'étaient que six !

Si l'on admet qu'une bonne gouvernance est essentielle au développement de l'entreprise, alors la question de la diversité, et donc de la mixité, est au cœur du débat au nom de principes fondamentaux, mais aussi au nom de l'efficacité et de la rentabilité.

Comme l'on a pu le lire dans *Les Échos*[1] : « La sous-représentation des femmes... doit inciter toutes les parties prenantes des entreprises, les

---

[1] « Et si les femmes étaient l'avenir du management », article d'Yves de Kerdrel dans *Les Échos* du 22 juillet 2005.

actionnaires, les dirigeants et les salariés, à se demander si, en réservant plus de place aux femmes, les groupes industriels ou financiers n'ont pas à y gagner en termes d'efficacité, de management, de valeurs entrepreneuriales, voire de sérénité ». Et dans l'entreprise familiale, un autre élément entre en jeu : celui de l'équité entre les hommes et les femmes de la famille.

Les 7 arguments repris ci-dessous ont pour objectif d'ouvrir le débat mais aussi de convaincre de la nécessité d'améliorer la mixité des conseils d'administration.

Respecter des principes fondamentaux

Il est utile de rappeler quelques principes fondamentaux. Ceux retenus dans la charte européenne pour l'égalité des femmes et des hommes dans la vie locale sont particulièrement parlants, à savoir[2] :

- l'égalité entre les femmes et les hommes est un droit fondamental ;
- l'égalité entre les femmes et les hommes ne peut être atteinte qu'en éliminant tous les autres types de discriminations (ethnique, religieuse, socio-économique...) ;
- une représentation équilibrée des femmes et des hommes dans le processus décisionnel est nécessaire dans une société démocratique ;
- tous les stéréotypes, attitudes et préjugés fondés sur le sexe, sont à bannir pour arriver à l'égalité.

La prise de conscience sociale est telle qu'un article a été ajouté à la loi sur l'égalité des chances du 23 janvier 2006, et voté, stipulant : « Les conseils d'administration ou de surveillance mentionnés au présent article sont composés en recherchant une représentation équilibrée entre les femmes et les hommes. Ils comprennent un nombre de représentants de chacun des deux sexes ne pouvant être supérieur à 80 %. »

Le législateur s'était donné un délai de cinq ans pour atteindre cet objectif.

_____
[2] AFFCRE : Association française du conseil des communes et régions d'Europe.

Une décision du Conseil constitutionnel du 16 mars 2006 a annulé cet article. Deux points de vue s'opposent ici. L'un regrette cette annulation qui lève une obligation de résultat, l'autre s'en félicite au nom de l'indépendance de l'entreprise dont le fonctionnement ne peut être régi par le législateur.

Si l'on admet que le second point de vue est valide, il reste une obligation d'agir pour l'entreprise au risque de voir le législateur s'emparer de nouveau du sujet.

Se fixer un objectif de 20 % de femmes dans les quatre ans est-ce si difficile ?

Dans l'entreprise familiale, la question de l'égalité entre les femmes et les hommes est d'autant plus aiguë que les femmes font naturellement partie de la famille, mais qu'elles étaient, jusqu'à un passé proche, absentes des instances officielles de gouvernance de l'entreprise. Dans les faits, les femmes – en tant qu'épouses et mères – jouaient dans ces entreprises un rôle primordial, mais officieux. Nous les appelons les « géantes invisibles ».

Ces femmes participaient de nombreuses manières à la création de capital pour l'entreprise : en recevant les relations professionnelles, elles développaient le capital social (les réseaux de relations) et symbolique (la force du nom). En élevant les enfants, et en contribuant à la cohésion familiale grâce aux réunions et à leur rôle de modération, elles développaient le capital humain et émotionnel. Elles avaient aussi une influence sur les recrutements des collaborateurs de l'entreprise. Enfin, certaines contribuaient aussi au capital financier, telle la mère de cet entrepreneur qui est restée la dernière actionnaire familiale !

Le rôle de ces femmes devenait visible lorsque le destin frappait : veuves, elles ont pu mener avec fermeté l'entreprise vers la génération suivante, telles ces nombreuses veuves de l'acier – Wendel, Krupp, Haniel, Falck… ou d'autres secteurs – Veuve Clicquot !

Lorsque elles-mêmes disparaissaient, l'absence du ciment émotionnel se faisait parfois lourdement sentir.

**DÉVELOPPENT LE CAPITAL
ÉMOTIONNEL ET HUMAIN**
• Enfants et Valeurs
• Relations et réunions familiales

Famille

Actionnariat **Entreprise**

**DÉVELOPPENT LE CAPITAL
SOCIAL ET SYMBOLIQUE**
• Reçoivent les relations
professionnelles

Fournissent parfois du
CAPITAL FINANCIER

Les géantes invisibles

Mais les filles de la famille, elles, ont longtemps été gardées à l'écart de l'entreprise, « protégées » de ses risques. Leur contribution se limitait souvent à bien se marier, ajoutant ainsi des gendres talentueux aux compétences familiales.

Cette invisibilité des filles se trouve encore au XXIe siècle :

> Deux étudiants faisant un projet sur l'entreprise familiale de l'un d'entre eux ont été amenés à interroger les femmes de la famille, mère et sœur. Ils découvrirent à cette occasion, non sans surprise, que celles-ci étaient tout à fait intéressées d'être informées de son fonctionnement, et que la sœur était même désireuse de prendre un rôle dans la gouvernance de l'entreprise.

Le souci d'équité commence donc, très simplement, par vérifier l'intérêt des membres de la famille, hommes et femmes.

Améliorer la gouvernance

Les principales conclusions des études décrites dans le récent rapport de l'IFA[3] sur la mixité montrent que son amélioration implique une approche professionnelle et rigoureuse pour la composition des conseils. Une

---

[3] Voir bibliographie.

étude canadienne établit que les conseils mixtes respectent beaucoup mieux les principes de bonne gouvernance. Par exemple, 72 % des conseils incluant au moins 2 femmes conduisent des évaluations formelles du conseil, contre 49 % seulement dans les conseils exclusivement masculins[4].

Il est avancé également que leur indépendance permet d'apporter des compétences et des savoir-faire nouveaux et de s'extraire de l'approche « club » encore trop souvent présente. La nécessaire ouverture à des administrateurs indépendants implique de rechercher des compétences en matière d'audit ou dans des domaines spécifiques de l'entreprise concernée. On peut penser à des compétences en technologie, en produits ou en international, ce qui ouvre de façon certaine le « vivier » de femmes candidates.

En effet, l'argument est trop souvent avancé de la pauvreté du « vivier » de femmes dirigeantes ou cadres supérieurs. Ceci est vrai si l'on s'en tient au postulat qu'un administrateur doit obligatoirement être un ancien PDG ou cadre dirigeant. Ceci est faux si l'on admet que des administrateurs venant de cabinets d'audit ou d'avocats, ou encore de la recherche, peuvent apporter une valeur au conseil.

De même le vivier de candidats familiaux sera singulièrement augmenté si l'on n'oublie pas les femmes de la famille. Celles-ci pourront évidemment apporter leur contribution si elles travaillent dans une autre entreprise, mais il faut noter qu'un administrateur peut contribuer même s'il ne vient pas du milieu de l'entreprise. La volonté d'apprendre, l'aptitude à questionner, le souci d'améliorer les processus de décision… sont autant de facteurs permettant de renforcer la qualité d'un conseil.

À travers la mixité, c'est la diversité des profils qui est encouragée et qui va de pair avec une amélioration de la gouvernance.

---

[4] Source : « Women on boards, not just the right thing but the bright thing », conference board of Canada 2002, by Brown, Brown, Anastasopoulos, in Women@work (PPWN, Wittenberg-Cox et Milan).

Améliorer la rentabilité

Dès 2000, Catalyst[5] avait démontré que la performance des sociétés ayant la plus forte représentation de femmes dans leur top management présentait un ROE supérieur de 35 % par rapport à celles ayant le plus faible nombre de femmes.

Il ne s'agit pas ici d'avancer que les femmes sont génératrices de rentabilité par leur seule présence, mais bien que la mixité, et donc la diversité, est source d'une meilleure gouvernance, et donc de meilleurs résultats.

D'autres études[6] montrent également que les actions volontaristes sont nécessaires pour faire progresser la mixité et que les entreprises les plus performantes en la matière offriraient :

- de meilleures performances financières ;
- une gouvernance plus rigoureuse ;
- une valeur d'exemple, tant en interne qu'en externe.

Il est souvent débattu des « caractéristiques » spécifiques des femmes dans la conduite des affaires ou encore de leur façon de gérer différente. Il est probable et souhaitable que les femmes aient des approches différentes, mais toujours dans le cadre des règles du jeu établies dans l'entreprise. Le style de management des femmes semble en moyenne plus participatif (par exemple les mesures du professeur Vroom, spécialiste américain de leadership, établissent que les femmes délèguent plus que les hommes), ce qui correspond bien à l'évolution des besoins des entreprises vers plus de flexibilité.

Ce sont ces approches, peut-être différentes mais tendant forcément vers le même objectif, qui contribuent à l'amélioration de la valeur. Ce postulat posé, la diversité est source de dialogue et donc de richesse.

---

[5] « Catalyst is the leading research and advisory organization working with businesses and the professions… to expand opportunities for women at work ». « Catalyst seeks a world that supports and encourages every woman in her career aspirations, and places no limits on where her skills and energy can take her. » Source : www.catalyst.org
[6] Tyson Report en Grande-Bretagne notamment.

Il s'agit de nouveau de prendre en compte « ce nouveau regard jeté par les femmes sur le monde des affaires, sur l'importance croissante de leur rôle et l'influence de leur vision sur le fonctionnement des sociétés, et enfin sur les valeurs spécifiques qu'elles tentent de faire valoir[7] ».

Respecter ses clientes/consommatrices

L'heure n'est plus où Madame accompagnait Monsieur pour approuver son choix de voiture ou d'autres biens. Les femmes sont aujourd'hui décisionnaires dans la plupart des décisions d'achat, ou à tout le moins partagent ou discutent de la décision avec les autres membres de la famille.

En ce qui concerne les entreprises directement en prise avec leurs marchés finaux (B to C – business to consumer), les femmes sont désormais l'élément clé de décision. Il paraît logique et sain que la stratégie de l'entreprise et sa gouvernance intègrent ce fait. Avoir dans son conseil une représentation de sa cible dominante est indispensable, et permet souvent d'appréhender de façon plus correcte les approches marketing et stratégie produits.

En ce qui concerne les entreprises plus orientées B to B (business to business), la cible finale reste souvent majoritairement féminine et le même raisonnement s'applique.

Reconnaître l'actionnariat féminin

L'heure n'est plus à la gestion de l'épargne par le genre masculin seulement. Que ce soit à l'échelon familial ou à celui de l'actionnariat privé ou public, les femmes sont amenées à gérer leurs investissements et à faire des choix de placement. Il est malheureusement encore trop tôt pour faire un bilan clair de l'impact de cette évolution, mais tout laisse à penser qu'une reconnaissance de l'actionnariat féminin est bénéfique pour l'entreprise.

---

[7] *Les Échos* du 22 juillet 2005, article cité.

Aude de Thuin[8] relève dans un article récent que pour bon nombre d'observateurs, nous sommes donc déjà entrés dans l'ère des « womenomics », l'économie féminisée, pensée et exercée par les femmes, un concept bâti sur le modèle des « freakonomics » (l'économie saugrenue), cette manière différente de voir l'économie inventée par l'universitaire américain Steven Levitt.

On peut discuter le fait que les « womenomics », l'économie féminisée, ne soit pas, comme certains le prétendent, un phénomène de mode mais une tendance de fond, mais on ne peut ignorer aujourd'hui une évolution formidable du rôle des femmes dans l'économie.

Dans le contexte de l'entreprise familiale, l'actionnariat est de plus en plus « égalitaire » entre les hommes et les femmes. Il y a une ou deux générations, il était considéré naturel par certaines familles de ne donner des actions de l'entreprise qu'aux hommes de la famille, porteurs du nom et potentiels contributeurs à la gestion. Cette décision avait deux conséquences : d'une part, les femmes recevaient d'autres biens – immobilier et autres formes d'actifs – ce qui immobilisait des réserves de capital ne pouvant donc pas être investies dans l'entreprise. D'autre part, ces femmes et leur descendance se trouvaient exclues de la gestion de l'entreprise, ce qui privait potentiellement l'entreprise de talents.

> Ainsi un jeune homme ayant poursuivi de brillantes études et démarré une carrière prometteuse dans un grand groupe international, s'est trouvé exclu de l'entreprise familiale créée par son grand-père admiré. En effet, c'était le fils d'une fille de celui-ci. Il n'avait donc pas le nom de famille, et son oncle, bien que parlant souvent avec lui de l'entreprise, ne le considérait pas parmi les successeurs possibles. L'entreprise fut vendue pour des raisons stratégiques (consolidation du secteur) mais aussi, probablement, à cause de l'absence de successeur compétent parmi les représentants des « bonnes branches ».

Plus récemment, les partages ont permis aux filles de recevoir des actions de l'entreprise, mais parfois en part moindre que les fils. Elles recevaient encore d'autres types de biens, ce qui comportait le risque

---

[8] Aude de Thuin, fondatrice et présidente du Women's Forum for the Economy and Society.

d'une évolution différente des valeurs dans le temps. Dans certaines familles, ces partages – qui parfois étaient inégaux dès le départ – ont pu générer des frustrations importantes, dangereuses pour l'harmonie familiale et donc, à terme, pour l'entreprise.

> Dans une entreprise espagnole, les sœurs n'avaient pas reçu d'actions. Les frères, des années plus tard, ont décidé de réviser le partage, afin d'équilibrer les participations.

Sans prôner l'égalité à tout prix dans les partages – en effet, les enfants eux-mêmes pourront préférer une répartition « inégale » de l'entreprise et des autres biens – seule l'adoption d'un processus ouvert, transparent et documenté permettra de maintenir la sérénité dans la famille.

La présence des femmes comme actionnaires doit encourager les dirigeants de l'entreprise à les considérer comme parties prenantes, tant à la gouvernance familiale qu'à la gouvernance d'entreprise.

Motiver les salariés

Selon l'hebdomadaire *The Economist*, qui a fait la synthèse des travaux de nombreux centres de recherche, l'arrivée des femmes dans le monde du travail a constitué une nouvelle main-d'œuvre qui a davantage alimenté la richesse mondiale que le capital injecté ou l'augmentation de la productivité. « Sur la dernière décennie, le recours accru aux femmes dans les pays développés a contribué plus que la Chine à la croissance mondiale », conclut le journal britannique.

Toutes les entreprises aujourd'hui emploient des femmes, à des niveaux hiérarchiques variés. Certaines comptent une majorité d'emplois détenus par des femmes.

Certes, les membres d'un conseil d'administration ont pour mission de représenter et défendre les intérêts des actionnaires. Il reste qu'en interne, avoir une ou plusieurs femmes au conseil est source de progrès et d'évolution possibles. Les femmes salariées au sein d'une entreprise reconnaissent très positivement la nomination de femmes au conseil d'autant plus qu'elles sont indépendantes. Voilà encore un signe de respect et de reconnaissance de la diversité.

Les conseils d'administration se caractérisent trop souvent encore par leur caractère endogamique et ce quelle que soit leur taille. Les conseils des entreprises du CAC 40 sont encore fréquemment des « clubs » réunissant des personnalités ayant fréquenté les mêmes écoles, cercles ou proches en termes de fonctions. Il s'agit plus de rester entre soi que d'ouvrir le débat.

Un conseil d'administration devrait au contraire pouvoir examiner les questions stratégiques et la vie de l'entreprise de la façon la plus ouverte possible. Le risque est bien de ne pas débattre assez, plutôt que de débattre trop. La présence de femmes comme administrateurs indépendants est source d'ouverture et de discussion.

Former et sélectionner les futures dirigeantes

Cela ne doit pas faire oublier que la participation à un conseil est l'une des meilleures écoles de dirigeants... et que, si l'on prend en compte l'ensemble des entreprises grandes, moyennes ou petites du pays, 17 % sont dirigées par des femmes.

Dans l'entreprise familiale, grâce à l'étendue de la gouvernance, le mécanisme de formation peut se faire progressivement, du conseil de famille au conseil de la holding, puis au conseil de la société opérationnelle.

La participation au conseil peut également être un excellent moyen de sélectionner le futur dirigeant familial.

> Dans la famille F. trois membres de la jeune génération ont été invités à siéger au conseil d'administration de la société. Ainsi, ils purent mieux comprendre les enjeux de l'entreprise, mais aussi les autres membres du conseil purent évaluer leur contribution. Au bout de quelques années, une jeune femme de ce groupe fut sélectionnée pour prendre des responsabilités opérationnelles dans l'entreprise. Elle en assure maintenant, avec succès, la direction générale.

Être administrateur permet d'apporter sa contribution à l'entreprise familiale et de rester informé, tout en poursuivant d'autres carrières ou d'autres intérêts. La porte reste ouverte pour une participation plus entière dans le futur. De nombreuses femmes, ainsi, participent à l'entreprise familiale en siégeant au conseil, et développent leurs propres rêves en créant leur entreprise. On imagine facilement comment ces deux activités se nourrissent mutuellement. Dans d'autres cas, les administratrices de l'entreprise familiale prolongent leur contribution en prenant la direction du conseil de famille, en créant une fondation philanthropique…

Bien sûr, les personnes nommées au conseil ne doivent pas l'être à cause de leur statut d'actionnaires uniquement, mais doivent contribuer effectivement, et prendre la peine de se former et de consacrer le temps nécessaire à la préparation des réunions.

En résumé, la mixité dans les conseils permet d'améliorer la qualité de la gouvernance et d'accroître la performance de l'entreprise. Elle améliore aussi le fonctionnement familial en réduisant les risques d'injustice. Nous souhaitons terminer par la citation de cette présidente d'une entreprise familiale étrangère :

> « Notre entreprise a la responsabilité d'entendre toutes les voix – y compris les voix des femmes et des conjoints – pour assurer que la société continue à réussir du mieux possible. Je crois plus que tout, dans la sagesse d'accueillir les bras ouverts les meilleures personnes, si elles ont le talent et les idées pour perpétuer la force et la vitalité de cette compagnie. »

Chapitre IX

7 façons de bien utiliser les commissaires aux comptes dans les entreprises familiales

PAR Serge Gautier

Les administrateurs et les commissaires aux comptes ont au moins un point commun entre eux : ils sont nommés par les actionnaires en assemblée générale. Les premiers pour administrer la société (déterminer les orientations stratégiques de la société et veiller à leur mise en œuvre), les seconds pour contrôler les comptes et l'information financière.

Dans l'exercice de leurs missions, les administrateurs et les commissaires aux comptes ont également des préoccupations communes. La première concerne la très bonne connaissance de l'entreprise, tant au niveau de son activité, de ses produits, que de ses processus internes. La seconde concerne la fiabilité du système d'information, la sincérité des comptes de l'entreprise et une bonne communication financière.

Le législateur a prévu plusieurs mécanismes de concertations entre eux : obligation de convoquer les commissaires aux comptes aux conseils d'administration traitant des comptes de la société, information donnée au conseil par les commissaires aux comptes sur l'étendue et les conclusions de leurs missions, communication sur les conventions réglementées...

Les commissaires aux comptes, tout en gardant leurs prérogatives et leur indépendance, sont ainsi les partenaires du conseil d'administration.

Comprendre et expliquer l'entreprise

L'exercice de la mission de l'administrateur ou du commissaire aux comptes ne peut se faire qu'avec une très bonne connaissance de l'entreprise, de ses produits et de son environnement.

Dans le domaine particulier de la connaissance de l'entreprise et de son environnement, la recommandation formulée dans le rapport Bouton est claire : « Chaque administrateur doit bénéficier, s'il le juge nécessaire, d'une formation complémentaire sur les spécificités de l'entreprise, ses métiers et son secteur d'activité. »

Les commissaires aux comptes ont une démarche similaire, et les normes professionnelles relatives à la conduite de leur mission précisent qu'ils doivent posséder ou « acquérir une connaissance suffisante de l'entité et de son secteur d'activité afin d'identifier et de comprendre les événements, opérations et pratiques de celle-ci, qui, sur la base de leur jugement, peuvent avoir une incidence significative sur les comptes, sur leur audit ou sur l'opinion exprimée dans leur rapport. »

Les administrateurs indépendants (non executive directors) ont plus que les autres administrateurs salariés ou mandataires, besoin de connaître et de comprendre les mécanismes de fonctionnement de l'entreprise ou du groupe.

À cet égard, ils se tournent naturellement vers le directeur général ou des cadres de son équipe. Ils peuvent également interroger les commissaires aux comptes ; en effet leur regard extérieur à l'entreprise, joint à leur habitude de décrire et de formaliser par écrit les processus internes, leur permet de compléter l'information donnée par la direction avec une vision complémentaire.

> Dans le cadre de sa mission, le commissaire aux comptes d'une société familiale industrielle à Lille, avait rédigé une note descriptive du processus de fabrication et de valorisation des produits finis.
>
> Lors d'un conseil d'administration, un des thèmes discutés fut précisément la méthode de valorisation utilisée. Pour faire gagner du temps à l'ensemble du conseil, le commissaire aux comptes a remis à chacun des membres du conseil une copie de la note descriptive qu'il avait préparée, ce qui a permis de faciliter la compréhension d'un processus compliqué.

Interroger les commissaires aux comptes sur la nature de leur mission et sur leurs conclusions

Le législateur a prévu qu'à l'issue de leurs contrôles, les commissaires aux comptes puissent, s'ils le désirent, rendre compte de leur mission au conseil d'administration. Cette communication peut se faire par un courrier adressé au conseil d'administration (le plus souvent au président qui devra en informer son conseil), ou oralement lors d'une séance du conseil. Elle concerne essentiellement 3 points :

- les contrôles et vérifications auxquels ils ont procédé ;
- les postes du bilan et les autres documents comptables auxquels des modifications leur paraissent devoir être apportées ;
- les irrégularités et les inexactitudes qu'ils auraient découvertes.

Cette phase est essentielle, quelle que soit la dimension de l'entreprise, car elle permet de matérialiser le contrat qui lie l'entreprise et les commissaires aux comptes. À cette occasion, ils pourront expliquer aux membres du conseil leur démarche de contrôle, leur plan de travail et la rémunération qui va de pair. Ce sera l'occasion de nouer un véritable dialogue avec les membres du conseil. À cet égard, avec pédagogie, ils doivent informer (voire former) les administrateurs et expliquer certains aspects des processus ou des comptes de la société.

C'est dans un dialogue confiant avec les commissaires aux comptes qu'un conseil d'administration peut prendre de bonnes décisions car il comprendra mieux comment elles vont se traduire en termes financiers.

Il ne s'agit pas pour les commissaires aux comptes de se substituer au directeur financier, mais d'apporter une vision externe complémentaire. Les membres du conseil en attendent plus de la prévention que de la répression.

Dans la plupart des sociétés cotées et dans certaines PME importantes l'existence d'un comité d'audit va apporter une certaine décentralisation de ce dialogue. Le rapport Bouton prévoit l'audition régulière des commissaires aux comptes, y compris hors de la présence des dirigeants. L'étude réalisée par l'Observatoire de la qualité comptable en

111

collaboration avec l'IFA précise que le comité d'audit doit instituer une relation directe avec les commissaires aux comptes afin de :

- prendre connaissance de leur programme de travail ;
- s'assurer qu'ils sont en mesure d'exercer correctement leur mission ;
- débattre avec eux des conclusions de leurs travaux.

Cette même étude ainsi que le rapport Bouton, précisent que dans le cadre de leur examen des comptes, les membres du conseil sont destinataires des informations nécessaires à la mise en œuvre de leurs responsabilités ; parmi celles qui sont listées, il y a « une note des commissaires aux comptes soulignant les points essentiels, composition du résultat, options comptables retenues, etc. ». En fait, cette note correspond pour partie au document usuellement établi par les commissaires aux comptes, et que certains intitulent le mémorandum de synthèse.

> Suite à une reprise par certains managers et un fonds d'investissement, le commissaire aux comptes d'une société a exposé dès la première année la manière dont il envisageait la mise en œuvre d'une analyse approfondie des procédures dans le cadre de sa mission :
> - 1re année : étude du cycle achats-fournisseurs ;
> - 2e année : étude du cycle clients-vente ;
> - 3e année : étude…
>
> Depuis lors, chaque année, lors du conseil d'arrêté des comptes, il rend compte de ses travaux d'examen des procédures, et suggère des améliorations dans le domaine du contrôle interne.

Les administrateurs doivent donc dans l'exercice de certains aspects de leur mission collaborer avec les commissaires aux comptes sans pour autant que ceux-ci renoncent à leur indépendance.

Apprendre à mesurer les risques et à apprécier la qualité du contrôle interne

Les dirigeants, les administrateurs et les commissaires aux comptes n'ont pas attendu la loi Sarbanes-Oxley, ou la loi dite de « sécurité financière » (loi LSF), pour s'intéresser à la gestion des risques, et aux systèmes de contrôle interne mis en place au sein de l'entreprise. Ces démarches de recensement et d'analyse ont toujours été l'un des fondements de leurs missions.

Ces deux lois ont, par contre, mis l'accent sur le renforcement de ces procédures au sein des entreprises, et sur la formalisation de la démarche. La loi LSF a obligé le management à décrire et à évaluer l'efficacité du dispositif de contrôle interne et des procédures de reporting financier, et à en faire un rapport aux actionnaires.

Dans les sociétés de grande taille, les administrateurs réunis au sein du comité d'audit, vont analyser la maîtrise des risques et du contrôle interne, en interpellant les commissaires aux comptes, la direction financière, ainsi que l'audit interne.

Dans les PME, ces thèmes sont également abordés par les administrateurs qui vont interroger le directeur général et les commissaires aux comptes. À cet égard, la loi précise que les commissaires aux comptes portent à la connaissance du conseil d'administration (ou du directoire et du conseil de surveillance selon le cas) les contrôles et vérifications auxquels ils ont procédé, et les différents sondages auxquels ils se sont livrés.

Que recouvre le terme de contrôle interne ?

« Le contrôle interne est un processus mis en œuvre par la direction générale, la hiérarchie, le personnel d'une entreprise, et destiné à fournir une assurance raisonnable quant à la réalisation d'objectifs entrant dans les catégories suivantes :

- réalisation et optimisation des opérations ;
- fiabilité des informations financières ;
- conformité aux lois et aux réglementations en vigueur. »

Multiplier les échanges de vue

Ces échanges de vue entre les membres du conseil et les commissaires aux comptes sur les risques et les procédures de contrôle interne sont, lorsqu'ils existent, tout à fait enrichissants car ils amènent à parler de la vie même de l'entreprise.

Regrettons que la loi de modernisation de l'économie, dite « loi Breton » promulguée en juillet 2005 ait restreint aux seules entités cotées, la publication par le président du rapport sur le contrôle interne. Cette « obligation » qui a concerné pendant deux ans les sociétés anonymes non cotées a permis pendant cette période, un échange fructueux entre les membres du conseil d'administration, les commissaires aux comptes et la direction, sur l'importance d'une bonne cartographie des risques et d'un bon contrôle interne au sein des entreprises, même de petite taille.

Les commissaires aux comptes ont toujours eu ce rôle de vigie en poussant les dirigeants ou les membres du conseil d'administration à évaluer la façon dont l'entreprise et l'équipe dirigeante peuvent anticiper et s'armer contre ces risques.

Comprendre, analyser et arrêter les comptes

Le conseil d'administration d'arrêté des comptes sociaux ou consolidés revêt une importance particulière, car c'est bien à la collégialité des administrateurs qu'il appartient d'arrêter définitivement les comptes qui seront soumis aux actionnaires, ainsi que de rédiger le rapport de gestion.

Dans les sociétés disposant d'un comité d'audit, un important travail préalable d'examen des projets des comptes sociaux et consolidés sera effectué par les administrateurs membres de ce comité. Ce travail sera très souvent effectué avec l'équipe de la direction financière, mais aussi avec les commissaires aux comptes conviés à cette réunion.

Dans les entreprises familiales, les comptes sont présentés en conseil par le président, le directeur financier, le chef comptable ou l'expert-comptable. Il s'ensuit le plus souvent un dialogue, parfois très technique, au cours duquel les commissaires aux comptes sont souvent amenés à jouer un rôle majeur, les membres du conseil ne manquant pas de les interroger sur les résultats de leurs contrôles et sur la nature de leur certification. Grâce à leur vision externe à l'entreprise et leurs travaux d'audit, les commissaires aux comptes peuvent utilement expliquer certains aspects des comptes.

Dans le cadre du comité d'audit ou du conseil d'arrêté des comptes, les commissaires aux comptes sont donc au cœur du dispositif. Chaque administrateur pourra obtenir l'avis des commissaires aux comptes pour se forger son intime conviction sur la sincérité des comptes, mais cela ne l'exonérera pas de sa responsabilité et de son libre arbitre.

De la difficulté d'arrêter et de certifier les comptes

Le conseil d'administration arrête les comptes. Au-delà de l'apparente facilité de ce rôle que lui a confié le législateur, bien souvent le conseil doit prendre un certain nombre de décisions difficiles :

- faut-il provisionner par prudence un risque au détriment du résultat déjà en baisse par rapport à l'an dernier ?
- faut-il déprécier les titres d'une filiale sans avenir ?
- quelle information donner dans l'annexe sur des engagements pris par l'entreprise ?
- etc.

Bien souvent une discussion s'instaure entre le conseil d'administration (le dirigeant et les administrateurs) et les commissaires aux comptes. Ces deux entités ont bien entendu le même objectif : la sincérité des comptes et l'image fidèle, le premier au titre de l'arrêté des comptes, le second au titre de la certification de ces mêmes comptes.

Améliorer la qualité de l'information financière

La qualité de l'information financière est aussi importante pour les entreprises familiales que pour les grandes entreprises, voire plus.

Rappelons que c'est de la responsabilité du directeur général de l'entreprise (avec l'aide de son directeur financier, du comptable ou de son expert-comptable selon les cas) de fournir cette information.

Mais le conseil d'administration ne peut être indifférent à la qualité et à la pertinence de cette information. Il doit également veiller à ce que les procédures internes mises en place au sein de l'entreprise soient adaptées pour que cette information « remonte » correctement à la direction.

Les commissaires aux comptes, au même titre que les administrateurs, sont eux aussi concernés par cette qualité de l'information financière.

Dans les PME, cette qualité se traduit essentiellement par des comptes annuels sincères et par une information détaillée dans l'annexe des comptes (engagements financiers, cautions, analyse des comptes...) et dans le rapport de gestion. À ce niveau, les commissaires aux comptes jouent un rôle fondamental car ils sont les garants de la sincérité de cette information : dans la première partie de leur rapport, ils certifient les comptes annuels ; dans la seconde partie de ce même rapport, ils expriment leur accord sur l'information financière mise à la disposition des actionnaires.

Impliquer les commissaires aux comptes dans certaines démarches juridiques

En dehors de leur mission de certification des comptes, le législateur a prévu de faire intervenir les commissaires aux comptes à de très nombreuses occasions :

- rapport aux actionnaires sur les conventions réglementées ;
- attestation des rémunérations ;
- rapport sur diverses opérations touchant les fonds propres de la société (réduction ou augmentation de capital, fusion...) ;
- etc.

Les commissaires aux comptes sont donc très souvent sollicités par le conseil d'administration pour valider certaines opérations qu'ils ont initiées, et ainsi jouer un rôle de relais et de validation de ces opérations entre le conseil d'administration et les actionnaires.

De leur côté, et essentiellement dans les PME, les commissaires aux comptes sont, avec les avocats, les garants du respect des règles juridiques et réglementaires. Bien souvent, les commissaires aux comptes sont aux côtés des dirigeants de l'entreprise (ou du conseil) pour leur rappeler leurs obligations légales :

- penser à convoquer dans les délais;
- prévoir tel type de résolution;
- donner telle information obligatoire dans le rapport de gestion;
- etc.

Faciliter leurs travaux, pour qu'ils donnent le meilleur de leur compétence

Les commissaires aux comptes et leurs équipes mettent en œuvre notamment un programme de travail de validation des procédures, des comptes et de l'information financière. Par leur approche méthodologique ils ne vont bien entendu pas valider toutes les transactions, mais ils orienteront leurs contrôles vers les zones qu'ils considèrent comme sensibles.

En discutant avec les commissaires aux comptes, en comprenant leur démarche méthodologique, leurs besoins (de contrôle, de documentation), le conseil d'administration, ou plus simplement le dirigeant, pourra faciliter leur travail, et ainsi leur dégager du temps pour qu'ils orientent leurs contrôles ou analyses sur des sujets ou des zones de risque considérées comme telles par le conseil ou le dirigeant.

Chapitre X

7 raisons et moyens d'évaluer l'efficacité du conseil dans les entreprises familiales

PAR THIERRY COLATRELLA

Les conseils (d'administration ou de surveillance) sont nommés par les actionnaires afin de les représenter. Ils doivent agir en toutes occasions dans l'intérêt social de la société. Compte tenu des responsabilités qui leur sont accordées, il semble légitime qu'ils s'interrogent sur la qualité de leur fonctionnement et qu'ils en rendent compte aux actionnaires.

Cette pratique qui a fait l'objet de recommandations pour les sociétés cotées, trouve également son intérêt dans les entreprises familiales et ou patrimoniales.

L'évaluation du conseil couvre les deux aspects suivants : l'évaluation du fonctionnement du conseil en tant qu'organe collégial et l'évaluation des administrateurs en tant que personnes physiques.

Il faut toutefois reconnaître que le deuxième aspect n'est encore que très rarement appliqué en France en raison du sentiment de défiance que la culture latine fait naître en pareille circonstance.

Le processus d'évaluation du fonctionnement du conseil peut être mis en œuvre autour de cinq domaines, illustrés dans le graphique ci-après.

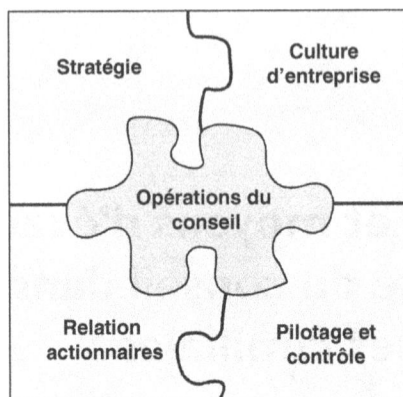

Processus d'évaluation du conseil d'administration

La stratégie

La stratégie est un domaine qui demande un fort degré d'implication de la part des administrateurs qui doivent discuter et valider les axes de développement proposés par le chef d'entreprise ou la direction générale. Il est donc indispensable que l'évaluation intègre des questions relatives à la qualité de l'information sur la stratégie ainsi qu'au temps consacré à sa discussion. Parmi les bonnes pratiques identifiées, on notera une journée « dédiée », passée à l'extérieur de l'entreprise où les administrateurs échangent en vue d'arrêter une stratégie.

Le pilotage et le contrôle

Le pilotage et le contrôle sont les corollaires de la stratégie. Dès lors qu'un cap a été fixé, tout doit être mis en œuvre pour qu'il puisse être tenu sans dérive ; c'est notamment le rôle du contrôle interne. Le conseil doit donc régulièrement être informé de la qualité du contrôle interne en place. L'analyse préalable des risques conditionne la qualité des contrôles. Comment pourrait-on en effet, s'assurer de la qualité des contrôles sans connaître les risques qu'ils sont censés atténuer ?

La culture d'entreprise

La culture d'entreprise très souvent liée à la personnalité du dirigeant, donne le « ton » de l'organisation pour tout ce qui touche aux valeurs auxquelles les salariés doivent adhérer. Dans le cadre de l'évaluation, le conseil devra s'assurer de l'existence de ces valeurs ainsi que de leur correcte application et transmission.

Les opérations du conseil

Les opérations du conseil couvrent les aspects liés à sa composition, son indépendance, la répartition des rôles entre ses membres, la fréquence des réunions, les thématiques abordées ainsi que la qualité du processus d'évaluation.

L'appréciation de la relation actionnaires

L'appréciation de la relation actionnaires est fondamentale dans l'évaluation du fonctionnement du conseil. Les domaines liés à la communication financière, et aux devoirs des administrateurs vis-à-vis des actionnaires feront l'objet d'une attention particulière.

Voici sept raisons et moyens d'évaluer l'efficacité du conseil.

S'assurer du bon fonctionnement du conseil et que les questions sont convenablement débattues

Afin d'obtenir une assurance raisonnable quant au bon fonctionnement du conseil, il convient de répondre à un certain nombre de questions. Une réponse franche et claire doit être nécessairement donnée. À ce titre, on peut citer, sans être exhaustif, les questions suivantes :

- y a-t-il une dissociation des pouvoirs entre le directeur général et le président ? Si non, quels sont les avantages et les inconvénients que cela génère ?

- des procédures sont-elles en place pour identifier les conflits d'intérêts ?

- un règlement intérieur définit-il le mode de fonctionnement du conseil ?
- les administrateurs ont-ils accès à l'information dans l'entreprise ?
- un conseil de famille a-t-il été mis en place pour traiter des questions clés ?
- le conseil comporte-t-il au moins un administrateur indépendant ?
- une réflexion sur un plan de succession du dirigeant a-t-elle été menée ?
- des avis de consultants externes sont-ils requis en tant que de besoin ?

Mesurer la contribution effective de chaque administrateur et l'adaptation de la composition du conseil

Si l'administrateur bénéficie de nombreuses prérogatives, il demeure, en contrepartie, redevable de nombre d'obligations. Évaluer la contribution effective des administrateurs permet d'engager une réflexion en profondeur sur leur efficacité et sur la manière de l'améliorer. Le titre d'administrateur n'est pas simplement honorifique. Il correspond à des attentes de la part des actionnaires. Parmi ces attentes figurent notamment :

- la présence effective aux réunions du conseil ;
- les temps de préparation des réunions et la qualité de ses interventions ;
- le courage de poser des questions « dérangeantes » au président ;
- l'apport de l'administrateur à la synergie du conseil.

La composition du conseil relève d'une alchimie fine qui consiste à faire travailler ensemble des professionnels de compétences différentes ; l'apport de chacun est amplifié par la synergie du groupe.

Les compétences nécessaires à un conseil peuvent varier en fonction des circonstances.

> Après un échec d'implantation à l'étranger, une société de transformation et de négoce de produits alimentaires a décidé d'accueillir dans son conseil un administrateur rompu aux pratiques du pays d'implantation. L'apport de connaissances de cet administrateur a permis à la société de réussir son internationalisation.

Le profil de l'administrateur recherché variera donc en fonction de la situation de l'entreprise : les compétences souhaitables pour un administrateur de start-up ne sont pas les mêmes que pour le représentant d'un actionnaire minoritaire ou pour un expert en développement. Ceci est illustré dans le schéma ci-après positionnant les candidats sur trois axes principaux : expertise, stratégie et contrôle.

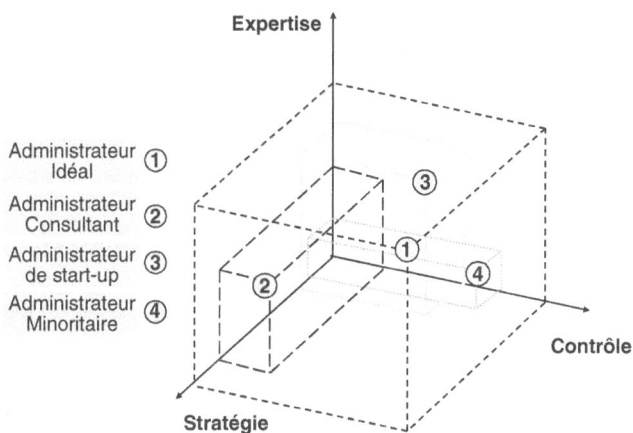

L'administrateur idéal

Motiver les administrateurs à participer, à être actifs, et à dynamiser le conseil

L'étude de certains comportements montre, qu'en France, il existe une croyance collective, selon laquelle les obligations de faire (légales ou non) ne sont pas toujours effectives dès lors qu'il n'y a pas de sanctions. L'absence au conseil ou le manque de participation aux discussions, relève de ce précepte.

Il existerait ainsi un seuil de tolérance selon lequel un absentéisme ou une passivité « contrôlée » seraient acceptables.

> Un administrateur d'une entreprise familiale expliquait qu'il n'assistait qu'au conseil arrêtant les comptes, mais pas aux autres, et prétendait que son cousin (le président) ne pouvait pas lui en tenir rigueur.

L'évaluation du conseil permet de faire prendre conscience de l'importance de la participation de chacun. Au-delà de la richesse des débats, la conscience d'être « reconnu » comme un contributeur de qualité à l'issue d'un processus structuré stimule la participation et élève le niveau des discussions.

L'ensemble des recommandations issues du processus d'évaluation doit permettre d'assigner au conseil des objectifs clairs, si possible quantifiables, lesquels seront matérialisés par une feuille de route.

Les avantages de ces recommandations sont les suivants :

- permettre, bien avant la tenue des réunions du conseil, une réflexion située plus en amont sur les thématiques que les administrateurs ont à traiter ;
- favoriser les échanges entre administrateurs ;
- enrichir les restitutions lors des réunions du conseil.

> Un administrateur chargé d'exercer une veille (technologique, juridique, économique…) dans un pays émergent a pu efficacement informer le conseil « en temps réel » de l'abaissement des droits de douane sur l'importation des produits de la société. Fort de cette information, le conseil a initié le principe de l'implantation de l'entreprise dans ledit pays et ceci bien avant ses concurrents.

Démontrer aux actionnaires la création de valeur

La création de valeur n'est pas toujours aisément quantifiable. En effet, la mesurer consiste à apprécier l'impact d'une décision ou d'une action en termes financier ou qualitatif.

Ceci étant, dans le cadre de l'information des actionnaires, le conseil peut leur apporter « un plus », grâce à l'évaluation, c'est-à-dire rendre compte de son efficacité au travers de la création de valeur.

En effet, il peut mettre en avant les points suivants :

- la meilleure performance de l'entreprise par rapport au budget ;
- la réduction de l'endettement ;
- l'amélioration du besoin en fonds de roulement ;
- les performances supérieures à celles des concurrents ;
- le gain de part de marché ;
- l'importance de la part autofinancée des investissements.

En ce sens, l'évaluation de l'efficacité du conseil facilite l'établissement du lien existant entre les décisions prises par ce dernier et la création de valeur.

Les techniques d'évaluation

Pour que l'évaluation soit efficace, le président (ou, mieux, le secrétaire du conseil s'il existe, avec l'aide d'un consultant) devrait préparer des questionnaires adaptés concernant chacun des cinq domaines identifiés. Les principaux thèmes autour desquels les questions peuvent être structurées sont les suivants.

La stratégie

L'évaluation doit aborder aussi bien le processus de développement de la stratégie que sa mise en œuvre et la mesure de son efficacité.

- La partie « développement de la stratégie » doit intégrer des discussions sur les sujets suivants :
    - les missions et valeurs du conseil ;
    - le rôle du conseil dans la stratégie ;
    - la gestion des attentes des parties prenantes ;
    - les méthodes d'élaboration de la stratégie.

- La partie relative à la mise en œuvre et à la mesure de l'efficacité pourra conduire à des échanges sur d'autres thèmes tels que :
  - la communication de la stratégie aux personnes intéressées ;
  - les indicateurs de performance.

L'évaluation sera matérialisée en donnant une note variant de 1 à 5 par exemple, où 1 reflète une absence de pratique, et où 5 démontre une satisfaction totale de la pratique du conseil.

Le pilotage et le contrôle

Les aspects liés au pilotage et au contrôle doivent porter, d'une part sur la qualité du reporting de la direction au conseil et, d'autre part sur l'efficacité du contrôle interne.

- Les domaines relatifs au reporting peuvent inclure :
  - la qualité de l'information financière ;
  - la revue des indicateurs non financiers ;
  - la revue des reportings internes.
- La partie relative au contrôle interne permettra d'apprécier notamment :
  - si un cadre de gestion des risques existe ou pas ;
  - si un cadre de contrôle interne existe ou pas ;
  - la qualité des dispositifs de contrôle interne ;
  - la qualité de l'audit interne le cas échéant ;
  - la qualité des travaux du commissaire aux comptes.

Les mêmes principes de notation et de représentation graphique sont applicables.

La culture d'entreprise

La culture d'entreprise pourra être discutée en échangeant sur les valeurs de l'entreprise (existe-t-il des valeurs ? et sont-elles correctement communiquées aux salariés ?) ainsi que sur l'existence et l'application d'un code de conduite.

Les opérations du conseil

Cette partie de l'évaluation du conseil est certainement la plus importante en temps à consacrer en raison de la richesse de son contenu. Les axes suivants pourront être retenus :

- **Composition du conseil :**
  - la taille est-elle adaptée ?
  - les compétences des administrateurs sont-elles optimales ?
  - l'indépendance est-elle garantie ?
  - etc.

- **Nomination des administrateurs :**
  - existe-t-il un processus de nomination ?
  - le plan de succession du dirigeant est-il discuté ?
  - etc.

- **Rôles et responsabilités :**
  - efficacité des délégations de pouvoirs ;
  - existence d'une charte ;
  - y a-t-il dissociation président/directeur général ?
  - des comités spécialisés ont-ils été créés ?
  - les comptes rendus du conseil sont-ils suffisamment explicites ?
  - etc.

- **Relation conseil/direction :**
  - le conseil fonctionne-t-il en tant qu'organe collégial ?
  - les relations conseil/direction générale sont-elles bonnes ?
  - etc.

- **Réunion du conseil :**
  - un ordre du jour est-il préparé avant chaque réunion ?
  - la fréquence et la durée des réunions sont-elles adaptées ?
  - les informations données par les dirigeants sont-elles suffisantes ? sont-elles communiquées suffisamment à l'avance ?

- le processus de décision est-il convenable ?
- le compte rendu est-il précis et rapidement établi ?
- les décisions prises sont-elles suivies et évaluées ?
- etc.

- **Jetons de présence/rémunération :**
  - les jetons de présence sont-ils adaptés au travail fourni ?
  - la rémunération de la direction est-elle en cohérence avec les pratiques de place ?
  - etc.

- **Processus d'évaluation :**
  - la performance de la direction est-elle évaluée ?
  - les administrateurs personnes physiques sont-ils évalués ?
  - etc.

- **Relations actionnaires :** la recherche de l'amélioration permanente de la qualité des relations avec les actionnaires doit être un des objectifs du conseil. Devraient être couverts les domaines suivants :

  - *Communication* : les actionnaires peuvent-ils communiquer facilement avec la société en dehors de l'assemblée générale ? les informations financières sont-elles suffisamment explicites ?
  - *Publication* : la société respecte-t-elle bien les délais de dépôt des états financiers ? les rémunérations des organes de direction sont-elles communiquées ?

Exemples de restitution

Dès que le processus d'évaluation est terminé, il convient de rendre compte au conseil, de manière détaillée, et aux actionnaires, sous forme synthétique, des principaux résultats. Plusieurs types de restitution peuvent être envisagés.

Évaluation globale

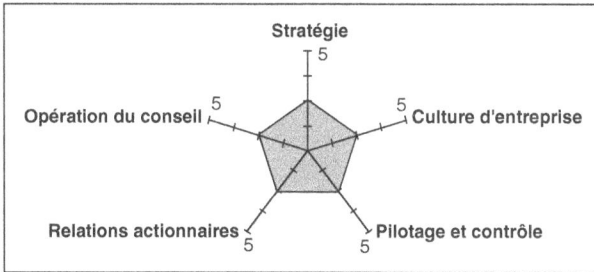

Synthèse d'évaluation du conseil

L'utilisation d'un graphique type « radar » où chacun des axes fait ressortir la moyenne des notations obtenues (la note 1 est une absence de pratique et la note 5 représente la meilleure pratique) est très illustratif. La partie grisée fait clairement ressortir le positionnement du conseil évalué, sachant que la zone externe représente la marge de progression pour atteindre ce qui peut être qualifié de meilleure pratique du moment.

L'évaluation globale peut également faire l'objet d'un détail par thèmes.

Évaluation par thèmes

- Stratégie

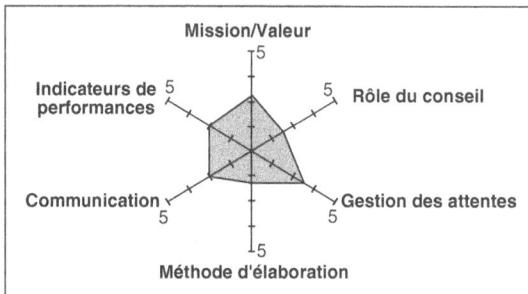

Évaluation de la stratégie

- **Pilotage et contrôle/culture d'entreprise**

Une représentation sous forme de « tuyaux d'orgue » est généralement retenue dès lors que l'analyse ne recouvre qu'un nombre limité de critères.

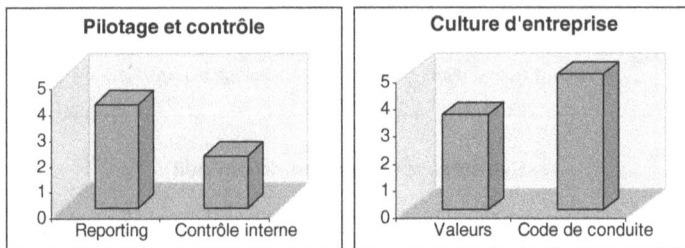

Évaluation du pilotage et contrôle

- **Opérations du conseil**

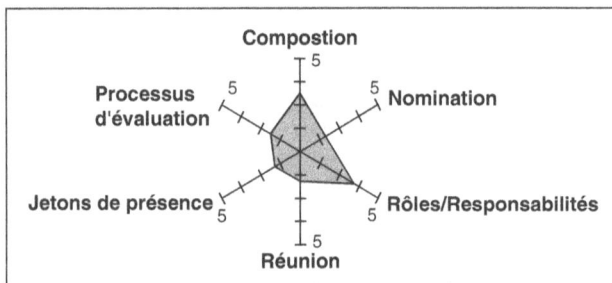

Évaluation des opérations du conseil

- Relations actionnaires

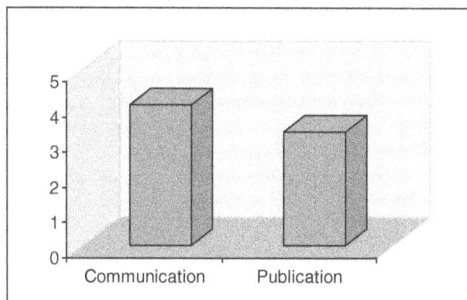

Évaluation des relations avec les actionnaires

L'information des actionnaires

Une bonne gouvernance intègre une bonne communication auprès de ses actionnaires. Après la réalisation de son auto-évaluation par le conseil, il est important qu'il en communique les grandes lignes lors de la prochaine assemblée générale.

L'objectif est d'informer clairement les actionnaires sur :

- la pertinence de la composition et du mode de fonctionnement du conseil ;
- la convergence des objectifs stratégiques de la direction et du conseil, la maîtrise des risques par le conseil ;
- la moralité et les valeurs de l'entreprise ;
- la valeur ajoutée créée par le conseil ;
- la qualité et la transparence de l'information comptable et financière.

Les modalités de cette information différeront évidemment selon la dimension de l'entreprise, la composition du conseil et la configuration de son actionnariat.

Conclusion

7 questions à poser en conseil dans les entreprises familiales et patrimoniales

PAR PASCAL VIÉNOT

La bonne gouvernance relève d'un processus pyramidal, ouvert au sommet vers les actionnaires, et convergeant progressivement vers les opérationnels.

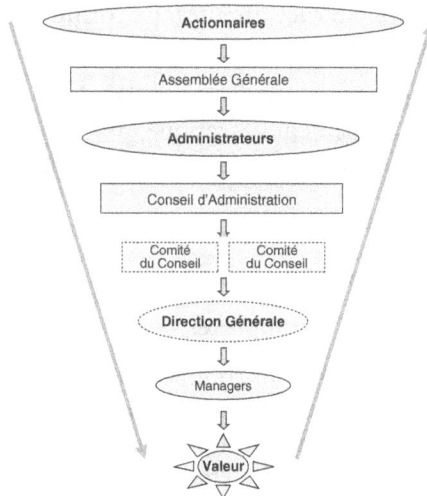

La pyramide de la gouvernance

133

Le nom et la forme des strates intermédiaires ont pu changer au fil du temps, mais leur finalité n'a pas évolué depuis l'Antiquité. À l'époque phénicienne, les armateurs (actionnaires) investissaient dans l'achat d'un navire, d'une cargaison, d'un équipage, choisissaient un capitaine (directeur général), et imposaient l'embarquement d'un agent ou subrécargue qui incarnait à bord les attentes de l'actionnaire (armateur), et contrôlait le capitaine (directeur général) ; bref, qui jouait le rôle du conseil d'administration.

Toujours au bord de la Méditerranée, les négociants égyptiens gravaient sur des tablettes d'argile leurs instructions aux chefs de caravanes traversant le désert vers le Soudan. Ils y décrivaient le chargement, le destinataire, l'itinéraire, ainsi que la fraction maximale de la cargaison de sel qui pourrait être abandonnée à des pillards en cas de rezzou. Ce document s'appellerait aujourd'hui « Règlement intérieur du conseil », spécifiant les limites, les montants et les domaines dans lequel un directeur général peut engager l'entreprise sans référer à son conseil.

Situé à un niveau intermédiaire entre des actionnaires – réunis par leurs attentes – et un management chargé de dégager de la valeur, le conseil a pour mission d'expliciter les attentes, de formuler les objectifs et de contrôler leur réalisation.

Et la technique la plus appropriée au succès de cette mission reste la maïeutique, le questionnement socratique, pratiqué par les administrateurs et/ou par les advisors qui les assistent. En se limitant à 7 questions, bien évidemment.

Quelle est notre stratégie ?

À question simple, réponse complexe.

L'administrateur ne devrait avoir comme seul point de repère que l'intérêt social, en faisant abstraction de toute autre référence dans ses prises de décisions. Mais bien rares sont les entreprises – surtout familiales – dans lesquelles cet intérêt social a été explicité. Plus rares encore celles ou il a été débattu. L'objet social, celui qui figure en tête des statuts est parfois évoqué, mais l'activité a souvent évolué sans qu'il soit mis à jour ! Comment donc se référer à ce concept abstrait ? Et souvent décalé de la réalité ?

> Une entreprise familiale de négoce agroalimentaire au rayonnement international mentionnait encore récemment l'exploitation d'une bergerie dans son objet social !

La présence des actionnaires résulte d'un acte délibéré : ils ont choisi d'acheter des actions (dans le cas d'un investisseur ou d'un créateur d'entreprise), de les conserver (dans le cas d'un héritier), voire de ne pas les céder (dans le cas d'un État refusant une privatisation). Cette décision de détention résulte d'un *affectio societatis* autour d'un métier, d'une personnalité, d'un projet, mais rarement de l'adhésion à une stratégie détaillée.

C'est au conseil qu'il appartient de concevoir la stratégie qui permettra de remplir les attentes diffuses des actionnaires, principalement caractérisées par une espérance de résultat (ROE[1]) et l'acceptation d'un niveau de risque (volatilité) dans le domaine d'activité auquel ils ont choisi de s'associer.

Quelles que soient la dimension et la structure du capital, l'interrogation sur la stratégie de l'entreprise est donc essentielle. Elle s'impose d'autant plus dans les entreprises familiales que la tentation est grande de confondre la poursuite d'objectifs patrimoniaux et/ou personnels avec l'optimisation de l'intérêt social.

Ce risque est particulièrement bien illustré par le diagramme des trois univers déjà présenté au chapitre VI : famille, actionnaire et entreprise, tous légitimes… mais à zone de recouvrement limitée !

Comment sont pris en compte, à l'intérieur même de la « famille », les conflits du type :

- actionnaire/entreprise : besoin de revenus de la famille *versus* optimisation de la trésorerie de l'entreprise ;
- famille/entreprise : maintien du contrôle *versus* ouverture à des partenariats stratégiques ;

---

[1] ROE : Return On Equity = rentabilité des fonds propres.

- famille/entreprise : choix d'un PDG porteur du nom *versus* recrutement d'un manager extérieur ;
- actionnaire/famille : diversification du patrimoine familial *versus* renforcement des fonds propres de l'entreprise ;
- etc.

Est-il certain que les décisions prises en conseil d'administration soient uniquement guidées par l'intérêt social de l'entreprise ? Sans aucune compromission ?

Personne n'est parfait ! Mais l'important est d'être conscient des biais éventuels dans les processus de décision des conseils pour en maîtriser et anticiper les conséquences.

Quelle est donc la stratégie poursuivie, et à qui bénéficie-t-elle ?

Quel niveau de risque sommes-nous prêts à accepter ?

La stratégie une fois arrêtée, la première responsabilité du conseil réside dans la détermination du niveau maximal de risque acceptable par les actionnaires. Et si cette tâche est importante dans toutes les entreprises, elle devient cruciale dans les entreprises familiales où le patrimoine des associés est remis en jeu – et en risque – par chaque prise de décision.

Diriger une entreprise c'est gérer un portefeuille de risques.

Encore faut-il que ces risques soient connus et évalués, tant en terme de fréquence que de gravité. En fonction de la dimension de l'entreprise, cette connaissance des risques sera implicite et concentrée sur le dirigeant, ou bien fera l'objet d'une cartographie détaillée, assortie le plus souvent de la nomination de responsables, chargés de les piloter pour en réduire la criticité[2], comme cela a été évoqué au chapitre III.

---

[2] Criticité = fréquence x gravité.

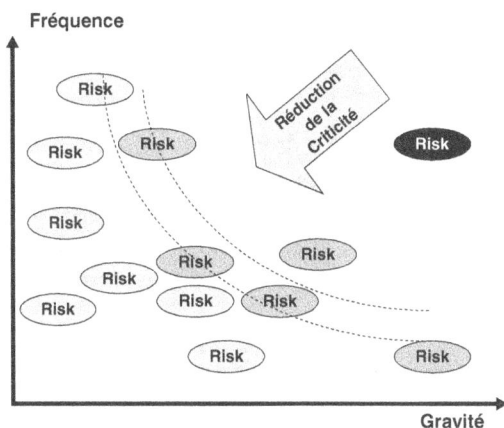

Objectif de la gestion des risques

Si tous les efforts du management doivent viser à réduire les risques, c'est au conseil, émanation des actionnaires, qu'il appartient de fixer les limites des risques acceptables par ces derniers, en fonction de leurs attentes, voire de leurs craintes.

L'actionnaire principal d'un groupe alimentaire familial a ainsi récemment renoncé à mettre en œuvre une acquisition à laquelle il avait rêvé pendant plusieurs années, alors qu'elle devenait possible. Mais il venait aussi de réaliser que son exécution nécessitait de recourir à un endettement important.

Et il préférait « bien dormir avec de la trésorerie, ou vendre son entreprise » pourtant rentable, saine et en croissance, plutôt que d'accélérer son développement avec « des cauchemars de dette ».

Dans un autre cas, le conseil d'administration d'un laboratoire pharmaceutique européen a décidé de mettre fin à ses activités de recherche fondamentale, jugées trop aléatoires et trop consommatrices de fonds propres à l'échelle d'une entreprise familiale.

Son développement a été recentré sur le rachat et la commercialisation de molécules découvertes par d'autres laboratoires, avec une marge moindre mais assurée. Sa recherche a été limitée et réorientée vers quelques maladies orphelines, dans le soin desquelles la concurrence est plus faible et la visibilité de résultat plus grande.

Les membres de la famille ont considéré plus important de garantir la pérennité du groupe dans sa configuration actuelle, plutôt que de risquer une perte d'indépendance par une orientation malheureuse en matière de recherche.

Les exemples pourraient être multipliés, et complexifiés d'autant que les individus ne sont ni monolithiques ni toujours cohérents : tel chef d'entreprise ou administrateur, opposé au risque dans sa gestion, pourra investir à titre personnel les dividendes qu'il vient de recevoir dans les hedge funds les plus spéculatifs, ou jouer aux courses…

Mais chaque conseil se doit de définir, explicitement ou non, mathématiquement ou non, la limite entre les risques acceptables et inacceptables.

Dans le secteur du commerce international des aliments surgelés, une entreprise familiale avait le choix entre le statut d'importateur direct et celui d'agent.

• Dans le premier cas, elle devait acheter des conteneurs de marchandise, payer le transport et les droits de douane, assumer les aléas bactériologiques, financer les stocks et le crédit client. Avec une marge proche de 10 %… en moyenne, mais un historique de conteneurs perdus en mer, de clients insolvables, de retours de marchandise pour crise de vache folle ou de grippe aviaire…

• Dans le second cas, sa prestation se limitait à un coup de téléphone à une coopérative de pêcheurs ou d'éleveurs située à l'autre bout du monde, qui ferait son affaire d'exporter et d'acheminer la marchandise jusqu'aux rayons surgelés des supermarchés européens. L'entreprise n'encaissait alors qu'une marge de 3 %. Mais sans risque.

Que devait-elle faire ? Viser la marge, mais avec un processus opératoire pouvant menacer la pérennité de l'entreprise, seul actif patrimonial de la famille ? Ou viser la sécurité, mais sans enrichissement significatif ?

La décision fut difficile et le choix fut le reflet direct de la propension au risque de l'entrepreneur : sélectivité.

À qui confier la mise en œuvre de cette stratégie ?

La stratégie arrêtée, le plafond de risque défini, la prochaine décision du conseil porte sur le choix des dirigeants. Ce choix peut ne pas avoir besoin d'être explicité quand l'entrepreneur est seul à bord. Mais dès que l'entreprise se développe, dès que des frères, des cousins (même génération) ou des enfants (génération suivante), rejoignent l'entreprise, l'interrogation sur le choix du ou des dirigeants devient un thème majeur.

Faut-il privilégier l'appartenance à la famille, voire le fait de porter le patronyme à l'expérience ? Faut-il dissocier la présidence, confiée à un membre du cercle familial, de la direction, confiée à un non-associé ?

N'est-il pas temps d'ouvrir la gouvernance aux femmes de la famille, souvent plus réactives sur les thèmes du risque et de la pérennité ?

Chaque entreprise apportera une réponse originale à ces questions, en fonction de son histoire, de ses valeurs… et des talents disponibles. Mais c'est un domaine où l'anticipation est nécessaire. Un domaine aussi où la contribution des administrateurs et advisors est essentielle, pour assurer l'objectivité et dépassionner les débats.

Trouver un successeur est plus délicat et plus complexe que trouver un acquéreur : le dirigeant dure, alors que l'entreprise et l'acquéreur disparaissent, une fois la transaction faite et les regrets consumés.

> Un groupe industriel coté vient ainsi de demander à deux cabinets de ressources humaines d'évaluer l'aptitude d'un jeune cousin du président actuel, à lui succéder dans quelques années lorsqu'il partirait à la retraite.
>
> Le candidat estimait son expérience professionnelle mal reconnue, le président sortant le jugeait immature… mais le postulant avait surtout la tare à ses yeux d'être issu d'une autre branche de la famille. L'avis d'un tiers fut donc sollicité, et remis tant aux administrateurs qu'à l'intéressé, et aux « chefs » des différentes branches familiales.

Si le choix se porte sur un dirigeant extérieur à la famille, se pose alors la question de la limite de ses pouvoirs. Car la loi précise bien (article L 225-56) « qu'il est investi des pouvoirs les plus étendus pour agir en

139

toutes circonstances au nom de la société ». Il dispose donc de pouvoir d'engagement illimité vis-à-vis de l'extérieur.

Et c'est précisément cette absence de limites qui terrorise souvent les actionnaires d'entreprises familiales, qui refusent d'avoir à supporter dans leur patrimoine les conséquences des engagements que pourrait prendre un dirigeant non associé au capital. D'où un frein important au recrutement de compétences extérieures.

Face à cette préoccupation, de nombreux conseils ont maintenant introduit un règlement intérieur auquel le directeur général doit formellement adhérer au moment de sa prise de fonction. Certes, son pouvoir d'engagement reste-t-il illimité vis-à-vis de l'extérieur, mais le conseil peut se retourner contre lui s'il a pris sans le consulter des décisions dépassant les limites fixées dans le règlement.

Comment externaliser les risques ?

La cartographie des risques établie, leur plafond acceptable explicité, le conseil devra contrôler leur gestion par la direction générale.

Plus précisément, les administrateurs exigeront d'être associés au choix entre les risques consciemment assumés, et les risques externalisés.

Le propos de ce chapitre n'est pas de se substituer à un traité de gestion des risques, mais d'illustrer les décisions qui peuvent être prises par une entreprise familiale ou patrimoniale en la matière. Trois approches peuvent être envisagées.

Externalisation des risques par la stratégie

C'est souvent l'approche la plus simple, qui consiste à s'interroger sur les étapes de la chaîne de valeur dans laquelle l'entreprise veut vraiment s'impliquer, en laissant les autres à des partenaires et ou sous-traitants.

> Bel exemple d'entreprise patrimoniale, *Benetton* s'est ainsi engagé très tôt dans une réflexion sur les risques qu'une société familiale pouvait supporter, pour conclure que le financement du risque industriel, à l'échelle de ses objectifs de développement, n'était pas à la portée de la fratrie des fondateurs.

D'où la sous-traitance de la quasi-intégralité de la chaîne de production, *Benetton* se réservant la seule étape de la teinture sur pièces, dans laquelle l'entreprise est devenue l'un des leaders mondiaux.

Externalisation des risques par l'assurance

Rares sont les éléments d'actif du bilan, et les lignes du compte d'exploitation d'une entreprise qui ne peuvent pas être garantis ou sécurisés par un contrat d'assurance.

De l'assurance incendie à l'assurance-crédit, de la perte d'exploitation aux dommages causés par l'usage des produits, de l'assurance homme clé à l'assurance-vie, des couvertures santé aux garanties retraites, de la responsabilité civile des dirigeants au remboursement d'une éventuelle rançon… rien ne manque au catalogue des assureurs.

Mais chaque contrat à un coût. Et chaque absence de contrat, ou chaque couverture insuffisante en a un, plus élevé encore. Un grand sinistre industriel récent dans l'industrie chimique, insuffisamment assuré, a coûté très cher aux actionnaires, administrateurs et dirigeants.

Tel entrepreneur contractant un emprunt pour construire une nouvelle usine souscrira à un contrat d'assurance-vie reversable à l'entreprise.

Tel autre l'oubliera, ou choisira de ne pas le faire. Avec des conséquences redoutables sur le patrimoine familial et la pérennité de l'affaire en cas de disparition.

Externalisation par les produits financiers

Si les assureurs sont créatifs, les financiers n'ont rien à leur envier. Depuis l'invention des options et des produits dérivés[3], depuis aussi le développement conjoint des statistiques et de l'informatique, il n'existe plus guère de risques sur lesquels une couverture n'existe pas ou ne puisse pas être construite.

---

[3] Contrats financiers négociables dont la valeur dépend de celle d'un actif sous-jacent, ou d'une donnée extérieure indépendante mesurable.

Au-delà des marchés à terme sur les matières premières et les énergies, et des options de change ou de taux devenues classiques, la place financière propose aussi bien des « futures » sur la météo que sur la pollution.

Et si la conception de tels produits relève d'une grande sophistication financière, leur utilisation est à la portée de nombreuses entreprises patrimoniales, voire leur est vivement recommandée.

> Une PME spécialisée dans la fabrication de crèmes glacées, et une holding familiale ayant investi dans la construction d'un parc d'éoliennes ont ainsi compensé leurs risques opérationnels par l'achat et/ou la vente d'options météo reflétant l'évolution de la température et de la force du vent dans leur zone d'activité.

Et c'est au conseil qu'il appartient de vérifier que les risques sont suivis, et que les bons outils de pilotage et de couverture sont utilisés.

Quelles conséquences en cas de survenance des risques ?

Il existe des entreprises « fabless[4] », mais pas d'entreprise « riskless[5] ».

Le risque est consubstantiel au fait d'entreprendre, et le rôle du conseil consiste dans un recensement, une évaluation, une sélection, un pilotage... mais sans jamais aboutir à une élimination complète des risques.

Parmi les risques conservés, plusieurs surviendront au fil du temps. Leur effet pourra être limité par anticipation (veille, intelligence économique...) et leur gravité réduite par des mesures de protection, mais le compte d'exploitation ne sera jamais complètement épargné.

Car dès qu'un risque survient, ce sont des charges supplémentaires qui sont engagées, ou des revenus attendus qui ne se matérialisent pas. Avec un impact direct sur les fonds propres, c'est-à-dire sur la pérennité de l'entreprise et sur le patrimoine des associés.

[4] fabless = fabric less : sans usines. Formule inventée par Serge Tchuruk, président d'Alcatel.
[5] riskless = risk less : sans risques.

© Groupe Eyrolles

Et c'est là l'origine véritable de la nécessité pour les administrateurs de piloter rigoureusement les risques de l'entreprise : l'absence de contrôle débouche trop souvent sur une crise financière grave, voire fatale, dans les familles associées.

Cette crise affectera également la poursuite du mandat des administrateurs : si l'entreprise vient à manquer de fonds propres, soit elle disparaîtra, soit elle devra rechercher de nouveaux associés, souscripteurs de nouvelles actions, auxquelles seront attachés de nouveaux droits de vote en faveur… de nouveaux administrateurs !

D'où la nécessité de mener une réflexion sur le montant minimal de fonds propres dont l'entreprise a besoin pour assurer sa survie en cas de survenance d'évènements adverses. Ce type d'approche a été développé par les banques et établissements financiers sous le nom de VAR (Value at risk), et fait maintenant partie de leurs instruments de pilotage règlementaires[6].

Elle repose sur l'analyse statistique de la volatilité des résultats dégagés dans chacune des activités de l'entreprise pendant une période assez longue pour être significative, combinée avec une appréciation du niveau de risque admissible, le plus souvent formulé sous forme de probabilité de faillite.

L'énoncé de la méthode peut paraître complexe, mais sa mise en œuvre est à la portée des entreprises patrimoniales. Leur insuffisance fréquente de fonds propres devrait au contraire les inciter à procéder à ce type d'analyse pour affecter au mieux ceux dont elles disposent, maximiser leur création de valeur, et optimiser ce faisant le patrimoine des associés.

> Un groupe familial ayant une activité de production et une autre de distribution dans l'industrie alimentaire vient ainsi de mener une analyse de ses besoins de fonds propres, fondée sur la volatilité de ses résultats par activité au cours des quinze dernières années.

---

[6] C'est cette approche de VAR qui sous-tend les nouvelles règles prudentielles élaborées pour les banques dans le processus dit « Bâle II », et pour les compagnies d'assurances dans le processus dit « Solvency II ».

La conclusion en fut la décision de renoncer à l'une des deux activités dont le niveau de risque était jugé incompatible avec la surface patrimoniale des associés.

Comment l'entreprise est-elle notée ?

Contrairement à une opinion répandue, la préoccupation de notation n'est pas réservée aux grands groupes cotés, qui aspirent à bénéficier du mythique « AAA » décerné par *Moody's* ou *Standard & Poor's*.

Toutes les entreprises, aussi modestes soient-elles, sont notées par un nombre croissant d'institutions, au premier rang desquelles la Banque de France. Et les notations les plus redoutables sont parfois celles des sociétés d'assurance-crédit (*SFAC, Hermès, Euler, Coface, Namur…*) : rien ne sert d'avoir un plan de développement ambitieux, si les fournisseurs refusent d'octroyer un crédit ou exigent un paiement « au cul du camion » pour accepter de livrer !

Dans le domaine financier, l'obtention de nouveaux concours exige le plus souvent l'acceptation de « covenants[7] » très stricts, les plus classiques étant l'engagement de respecter un ratio de structure de bilan, ou de maintenir un niveau minimum de notation.

> La crise financière qui a débouché sur le changement d'actionnaires de *Marionnaud* a eu ainsi comme principal fait générateur le non-respect d'un covenant de « gearing[8] », par lequel l'entreprise s'était engagée à toujours respecter un certain équilibre entre les fonds propres et les dettes à son bilan.

La sanction du non-respect des covenants ou « défaut » étant l'« accélération » du remboursement des emprunts, c'est-à-dire leur exigibilité instantanée, l'acceptation de covenants et la surveillance des engagements sous-jacents relèvent directement des responsabilités du conseil.

---

[7] Covenant : engagement de faire, ou de ne pas faire, pris par une entreprise comme condition préalable à l'obtention d'un concours financier. Exemples : engagement de ne pas distribuer de dividende, de ne pas faire d'acquisition, de ne pas contracter de nouvel emprunt sans l'accord des prêteurs précédents, de maintenir une notation ou un ratio financier…

[8] Gearing : Ratio Dettes LT/Capitaux Propres.

Car peu de risques ont des conséquences plus graves : l'entreprise peut se trouver contrainte de rembourser par anticipation une partie significative de son endettement, à la suite d'une baisse de notation.

Le conseil se trouve, dans les faits, soudain dépossédé du pouvoir, pour ne pas avoir su comprendre et anticiper comment se forge et évolue l'opinion des tiers sur son entreprise. Bref, pour ne pas avoir compris comment l'extérieur apprécie la politique de risque arrêtée et pilotée par les administrateurs.

Quelle rentabilité devons-nous dégager au minimum ?

Rien n'est gratuit dans une entreprise, pas plus familiale que cotée en Bourse. Ni les fonds propres, ni la dette, ni le crédit fournisseur ne sont gratuits, que leur coût se manifeste sous forme de rentabilité ou de dividende, de taux d'intérêt ou de pérennité de relation.

Dans combien d'entreprises familiales les actionnaires oublient-ils de s'interroger sur ce qu'ils auraient pu faire d'autre avec le montant investi au capital, et ce que ce placement aurait pu leur rapporter ? C'est-à-dire ce que leur coûte le fait d'avoir investi dans l'entreprise. Donc ce que coûtent à cette dernière ses fonds propres, considérés à tort comme gratuits !

Il n'y a de « création de valeur », donc d'enrichissement patrimonial, que lorsque la rentabilité dégagée par l'exploitation des moyens utilisés par l'entreprise dépasse le coût des ressources dont elle a disposé, soit en jargon financier lorsque son ROCE[9] est supérieur à son WACC[10], et ce, qu'il s'agisse du plus grand groupe coté ou de la plus petite entreprise familiale.

---

[9] ROCE : Return on Capital Employed. Ratio rapprochant le résultat économique de l'entreprise (avant prise en compte des modalités de financement de ses moyens) du montant de son actif économique (Immobilisations + Besoin de fonds de roulement).
[10] WACC : Weighted Average Cost of Capital. Coût moyen pondéré des capitaux permanents (Fonds propres + Dette à long terme) de l'entreprise.

Mais ce WACC n'est lui-même que le reflet de la perception des risques propres à l'entreprise par l'ensemble de ses partenaires :

- le taux d'intérêt pratiqué par les banques se décompose en un taux de base et une prime reflétant la perception d'un risque de défaut spécifique ;
- la rémunération attendue pour les fonds propres intègre un coefficient « ß »[11] reflétant le degré plus ou moins grand de divergence de l'entreprise par rapport à la rentabilité moyenne des entreprises cotées[12].

Il en découle plusieurs conséquences pour les administrateurs :

- l'existence (évidente mais souvent méconnue) d'un lien direct entre les décisions de gestion de risque prises en conseil et le coût du capital ;
- l'existence d'une rentabilité minimale que doit dégager l'exploitation pour répondre aux attentes de création de valeur : si le ROCE des projets présentés au conseil est inférieur au WACC de l'entreprise, chacun de ces projets détruira de la valeur pour les actionnaires ;
- l'existence de critères de rentabilité minimale à respecter et/ou à faire respecter par le management.

Là encore, la réflexion en terme de coût du capital et de rentabilité minimale n'est pas le privilège des grandes entreprises. Plus la dimension de l'entreprise est modeste, moins nombreux sont ses projets, plus il importe que les administrateurs vérifient qu'ils sont tous créateurs de valeur. En simplifiant : qu'ils rapportent plus qu'ils ne coûtent.

---

[11] L'analyse financière classique considère que la rentabilité attendue d'une action par son détenteur est égale à la somme de la rentabilité d'un placement sans risque (type OAT) et d'une prime correspondant à la rentabilité d'un portefeuille boursier diversifié, pondérée par un coefficient ß de spécificité de risque propre à une action particulière.

[12] Le coefficient ß des entreprises cotées s'obtient par calcul direct en comparant la volatilité de leur cours de bourse à celui d'un indice de référence. Celui des entreprises non cotées par comparaison avec des entreprises cotées du même secteur.

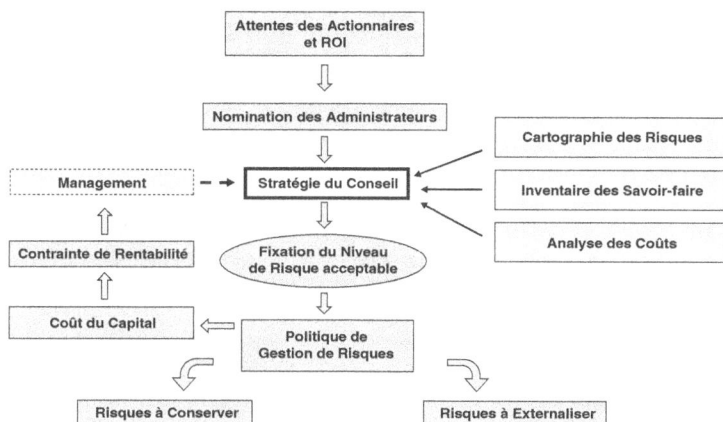

Stratégie, risque et rentabilité

Un groupe papetier familial scandinave vient ainsi de publier des comptes montrant que s'il dégageait un résultat comptable positif – certes en déclin – depuis trois ans, il détruisait en réalité régulièrement de la valeur pour ses actionnaires, une fois tenu compte de la rémunération de leurs fonds propres !

Dans un autre cas, c'est le soleil du Midi qui aura été fatal à une entreprise.

Plusieurs chercheurs en biotechnologie s'étaient réunis pour créer une entreprise autour d'un concept prometteur, avec le soutien d'un fonds d'investissement.

Une municipalité du Languedoc préoccupée de création d'emplois leur ayant offert des locaux fonctionnels, ces chercheurs s'y sont installés, et ont rapidement cédé au charme du climat local, en ajustant leur activité et leur chiffre d'affaires à la couverture des seuls frais de fonctionnement courants et des salaires.

Mais c'était oublier que les fonds propres, et particulièrement ceux apportés par un fonds d'investissement, avaient un coût ! Et que le fonds ne se contenterait pas d'une rentabilité opérationnelle (ROCE) marginale de l'entreprise, alors les promesses de rentabilité qu'il avait faites à ses propres actionnaires en levant des fonds imposaient par ricochet à la société de biotech un WACC très élevé.

Le retour à la réalité fut brutal, avec un changement de dirigeants et d'administrateurs... qui déclencha la fuite de plusieurs talents. L'histoire n'est pas terminée, mais l'avenir du projet est très handicapé par cet oubli de la nécessité absolue de création de valeur.

Bibliographie

Ouvrages des auteurs

Guide pratique de l'administrateur de société, Serge Gautier, Éditions Gualino, 2003.

Pénalement responsable, Thierry Colatrella, Isabelle Brink, Elena Fourès, Pierre Fourès, Éditions d'Organisation, 2004.

Documents de référence

Code Buysse de corporate governance: Recommandations à l'attention des entreprises non cotées en Bourse, septembre 2005, édité par l'UCM, Union des classes moyennes, Bruxelles.

Administrateurs de PME non cotées: Rôle et responsabilités, Medef – GPA Entrepreneur, 2004.

Articles

« Panorama des pratiques de gouvernance des Midcap », Ernst & Young, 2003, 2004, 2005.

« Séparer gouvernance de famille et gouvernance d'entreprise », Pascal Viénot. *Le Nouvel Économiste*, mars 2006.

« Gérer son entreprise grâce à la charte familiale », Catherine Motol, *Option Finance*, août 2005.

« Quand la gouvernance des entreprises familiales s'organise », Estelle Leroy, *La Tribune*, août 2005.

« La gouvernance des entreprises familiales », John Ward, Centre des entreprises familiales de l'université de Northwestern, *Perspectives Économiques*, e-Journal USA, 2005.

149

« La revanche des entreprises familiales », Didier Durand, www.brefonline. com, février 2004.

« Pourquoi les entreprises familiales réussissent mieux », A.L. Fitère et L. Steinmann, *Enjeux les Échos*, avril 2003.

« Le gouvernement d'entreprise : une affaire de famille », Robert Zaft, *L'Observateur de l'OCDE*, janvier 2003.

« Les derniers feux de l'entreprise familiale », Hedwige Chevillon, *L'Expansion*, 1994.

« Les femmes et l'entreprise familiale : rôles et évolution », Christine Blondel, INSEAD.

Publications académiques

Family business : Key issues, Denise Kenyon-Rouvinez and John L. Ward, Ed Palgrave Macmillan, 2005.

La gouvernance dans les entreprises familiales, Jozef Lievens, EHSAL, Éditions Racine, Bruxelles, 2006.

La gestion des entreprises familiales, ouvrage collectif publié sous la direction de Jérôme Caby et Gérard Hirigoyen, Centre de recherche sur l'entreprise familiale, université Montesquieu Bordeaux, Economica.

« Fair Process : Striving for justice in family business », Ludo Van der Heyden, Christine Blondel, Randel Calock, *Family Business Review* 2005.

« Corporate governance in family firms », *A Litterature Review*, Torsten M. Pieper, INSEAD.

« Stock market performance of family firms », Marcel Corstjens, Urs Peyer et Ludo Van der Heyden, INSEAD.

The Loyola guidelines for family business boards of directors, Joseph Astrachan, Andrew Keyt, Suzanne Lane and Kristi Mc Millan, Loyola University of Chicago, Family Business Center.

« L'univers mental des PME », Patrick Schmoll, *Journal des Psychologues*, 1997.

Family-owned Business : a study of southern central England, The Business School at Bournemouth University, september 1999.

Developing and succeeding in a family business, John Gatrell, Bournemouth University, 2003.

Performance contrasts between family and non-family unquoted companies in the UK, Paul Westhead and Marc Cowling, Centre for small and medium sized enterprises, Warwick Business School, Coventry, UK.

La confiance: une explication des performances des entreprises familiales, José Allouche et Bruno Amann, Larego, 1999.

The governance of smaller businesses: the family and the business, Sue Birley, Dennis Ng et Andrew Godfrey, Long Range Planning, 1999.

Family & non-family priorities in family firms, Jess Chua, James Chrisman and Pramodita Sharma, University of Calgary.

Publications de l'IFA (Institut français des administrateurs)

Charte de déontologie de l'administrateur, 2004.

Vade-mecum de l'administrateur, rédigé en collaboration avec Ernst & Young, par Jean-Florent Rérolle et Florian Bressand, 2004.

Gouvernance des PME et PMI patrimoniales, rapport de la Commission PME, juin 2006.

Comment favoriser la mixité au sein des conseils d'administration, rapport de la Commission Mixité, juin 2006.

www.ingramcontent.com/pod-product-compliance
Lightning Source LLC
Chambersburg PA
CBHW061319220326
41599CB00026B/4953